吉祥寺に育てられた映画館

吉祥寺っ子映画館三代記

イノカン

MEG

バウス

本田拓夫

文藝春秋
企画出版部

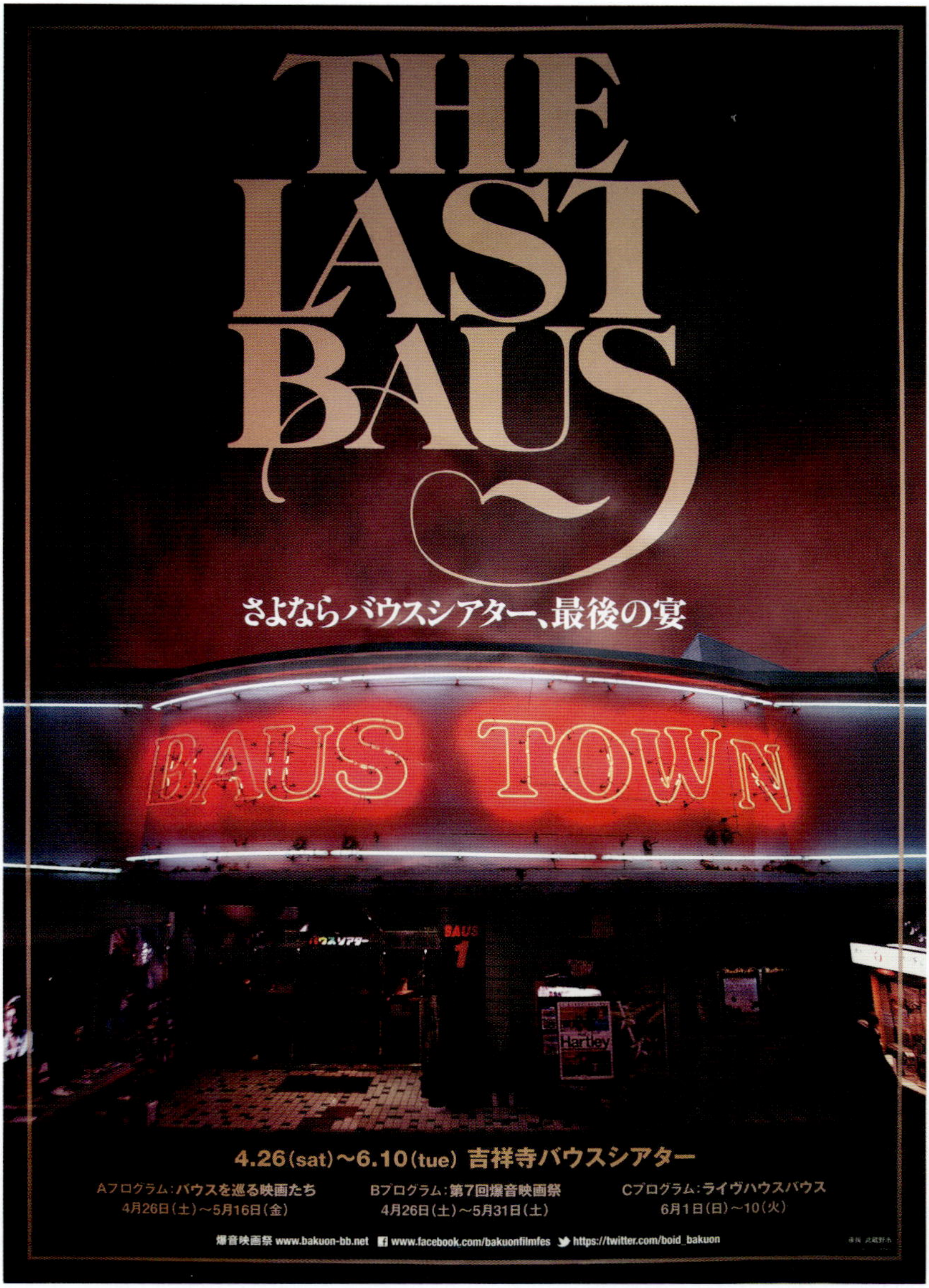

平成26（2014）年に「バウスシアター」を閉じる際の特別企画
「さよならバウスシアター、最後の宴」ポスター

昭和28（1953）年頃の「井の頭会館」

解体作業を待つ現在の井の頭会館ビル。撮影：文藝春秋写真部・末永裕樹

昭和 57（1982）年 1 月 2 日の「吉祥寺ムサシノ映画」（旧称：武蔵野映画劇場）
撮影：石川正一

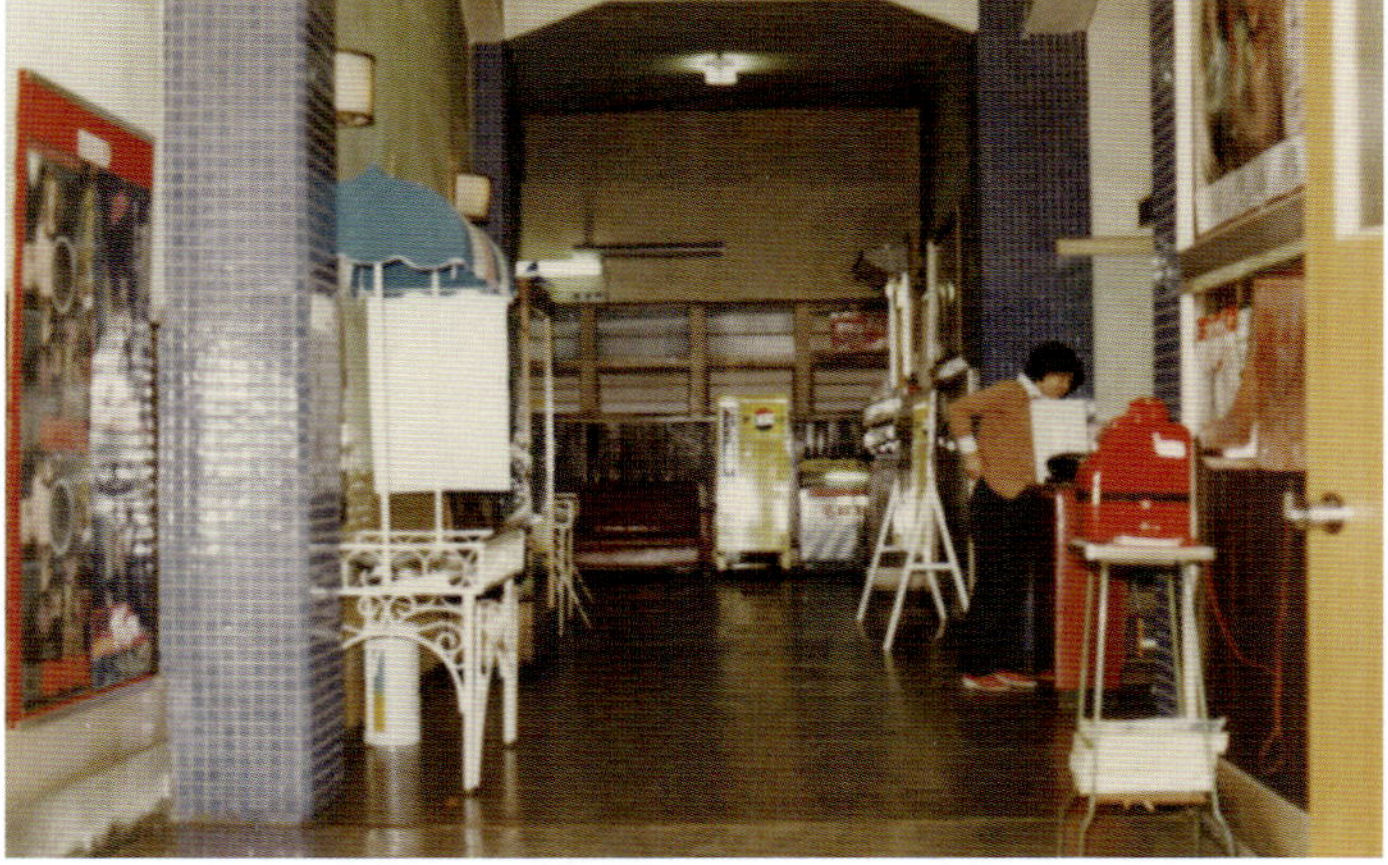

「吉祥寺ムサシノ映画」のロビー（撮影時期不明）

昭和31（1956）年頃の駅前通り（現在のサンロード）。五日市街道から吉祥寺駅方面を見たもの。写真の右手前に「武蔵野映画劇場」があるが、ここには写っていない。頭上の電飾アーチに武蔵野映画の文字が見える。右手の路地にある「夕やけ雲」（木下惠介監督）と「十九の春」（尾崎甫監督）の映画宣伝は「井の頭会館」のもの。
提供：吉祥寺サンロード商店街振興組合

質
ハマツ
25
SPEED LIMIT
ここから
BEGIN
鈴木

「バウスシアター」の外観（平成 26 年 2 月 5 日）。撮影：松田優子

「バウスシアター 1」の客席。スクリーンの左右にある巨大スピーカーは、爆音上映用のもの。撮影：鎌倉あすか

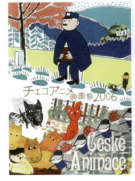

「バウスシアター」のチラシ。
上段左から「ラスト・ワルツ」（マーティン・スコセッシ監督／1978年）、「ストップ・メイキング・センス」（ジョナサン・デミ監督／1984年）、「ウィズネイルと僕」（ブルース・ロビンソン監督／1988年）、中段左から「画魂　愛、いつまでも」（ホァン・ショーチン監督／1992年）、「タカダワタル的」（タナダユキ監督／2004年）、2003年の「ロシア映画祭」、下段の左から2006年の「チェコアニメ映画祭2006」、2009年の「楳図かずお映画祭」、2011年の「爆音映画祭」

著者の企画・製作映画「PARKS パークス」のポスター

つまらねえ吉祥寺よ
さようならだ。
楽《おもしろ》しくいこうぜ。

「バウスシアター」のスピリット

吉祥寺に育てられた映画館——イノカン・MEG・バウス 吉祥寺っ子映画館三代記　目次

6 吉祥寺らしさを忘れるなかれ――個性派映画館のたたみ方、映画的な別れ 219

構成・文　酒井香代
装　丁　スタジオ　トラミーケ
編集協力　樋口泰人（boid）
小嶋尚之
ぶんしん出版

吉祥寺に育てられた映画館

イノカン・MEG・バウス 吉祥寺っ子映画館三代記

吉祥寺関連地図

武蔵野八幡宮
「武蔵野映画劇場」と「バウスシアター」があった所
五日市街道
旧井の頭会館ビル（「井の頭会館」があった所）
安養寺
公園通り
蓮乗寺
サンロード（旧駅前通り）
伊勢丹があった所
光専寺
月窓寺
吉祥寺大通り
東急百貨店
本田ビル（旧自宅）
ダイヤ街
ハモニカ横丁
近鉄百貨店があった所
パルコ
北口
吉祥寺駅
→新宿
南口
JR中央線
←立川
平和通り
丸井
井の頭公園
井ノ頭通り
京王井の頭線
井の頭池
↓渋谷

幕開け——根っからの映画館屋《かつどうや》からのご挨拶

東京の吉祥寺《きちじょうじ》という街に行ったことはありますか？

ご存じのこととは思いますが、ＪＲ中央線や京王《けいおう》井の頭《かしら》線の吉祥寺駅のすぐそばには井の頭恩賜《おんし》公園もあって、駅近辺はいつも大変なにぎわいです。近年は、首都圏で住みたい街はどこかのアンケートをとると、常に上位にランキングされるようになりました。

私は長年、この街で商売を営んできましたが、その立場から言わせていただくと、「住みたい街」の上位としてだけでなく、「訪れたくなる街」「何度も行ってみたくなる街」としても、ずっと愛され続けてほしいですね。

私が長年営んできた商売というのは、映画館です。単に映画館を経営する人なら、世の中に少なくはないでしょう。しかし私は、生まれたときから〝映画館を家として〟育ったのです。

昭和の後半、四八作ものシリーズになった松竹映画「男はつらいよ」（山田洋次他監督）の主人公、渥美清演じるフーテンの寅さん風に言うのなら、「吉祥寺に産湯《うぶゆ》をつかい、映画館を家業とする家に育ち」となりましょうか。

つまり、根っからの〝映画館屋《かつどうや》〟です。家業を継いで、最後は映画館主にまでなってしまいました。

館主をしていたのは「バウスシアター」という映画館です。

いささか個性的な映画館でした。映画の上映だけでなく、演劇の公演も音楽のライヴも落語会もする、なんでもありの劇場でした。

しかし、二〇一四年五月三一日、残念ながら「バウスシアター」は、三〇年の歴史を終え閉館しました。

閉館を決意してから、いろんな声をいただきました。

「僕の青春だった」

「どうか閉めないでください」

「吉祥寺にはバウスが必要です」

本当に、本当に、ありがとうございます。

若いスタッフが企画の中心になり、最後は〈さよならバウスシアター〉という、この劇場の三〇年間の総決算のようなイベントも開催することができ、たくさんの来場者でにぎわいました。

さらには『吉祥寺バウスシアター　映画から船出した映画館』（ラスト・バウス実行委員会編・boid刊）という本まで出していただきました。

改めて「バウスシアター」を愛してくださったお客様やスタッフに、心からの感謝の言葉を捧げます。

こんなふうにユニークで、老若男女から愛される映画館の館主を務めることができたのは、幸せなことだったと思います。が、同時に、ひと筋縄ではいかない映画館経営に、七転八倒した日々でもありました。

父や兄から受け継いだバトンを何とかここまで守り通すことができたのは、この映画館の歴史に誇りを持っていたからにほかなりません。この映画館は、吉祥寺という街に育てられた劇場でした。

映画を観るスタイルは、ずいぶん様変わりしました。

今や日本中どの街に行っても、映画館の多くは似たような顔をした「シネコン」(シネマ・コンプレックス)で、個性豊かなシャレた映画館が、ほんとに少なくなってしまいました。

また、映画を楽しむ場所が映画館とは限らない時代にもなりました。家にいてテレビやビデオやDVDで楽しんだり、スマートフォンやタブレットの小さな画面で鑑賞したりするのが、日常的なことになっています。

そんな時代ですから、多くの人は、どこで観るのかにはほとんど頓着《とんちゃく》せず、映画館を意識することはあまりないのではないか、そのうち「映画を観に出かける」という

〝映画館体験〟自体が過去のものとなり、人々から忘れ去られてしまうのではないか、と思うこともあります。

もちろん、そうした時代の流れを一方的に「悪い」とか、「昔のほうが良かった」とか言うつもりはありません。

ですが、私としては、映画館が街と一緒にあったこと、いろいろな個性的な映画館があったこと、作品だけではなく映画館という空間にもドラマや歴史があったことを、少しでも記録に残したい。それはもしかしたら私のミッション（使命）ではないか、と思うようになりました。

吉祥寺に初めてできた映画館は「井の頭会館」（通称「イノカン」）です。そして、その「イノカン」こそが私のルーツです。

「イノカン」は大正末、地元の有志の努力で、映画の上映や演芸の公演を行なう劇場として建てられました。「吉祥寺にも文化を」という住人たちの熱い気持ちは、やがて劇場を映画館へと成長させます。そして、吉祥寺が大きな街になって行くとともに、

「イノカン」創設の精神は「武蔵野映画劇場」（略称MEG《エムイージー》＝Musashino Eiga Gekijo の頭文字をつないだもの。のち「吉祥寺ムサシノ映画」と改称）や「バウスシアター」に受け継がれて行きました。

「イノカン」「武蔵野映画劇場」「バウスシアター」とバトンをつないだ映画館の舞台裏を、ご紹介することにいたしましょう。

1

村に娯楽がやってきた

——戦前の吉祥寺と父

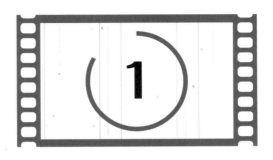

駅も娯楽施設も住民の力で

吉祥寺の歴史は、江戸時代の明暦《めいれき》三（一六五七）年に江戸市中の大半を焼いた「明暦の大火」に端を発します。

この火事で、現在の千代田区の水道橋あたりにあった「諏訪山吉祥寺」という寺院も焼けました。寺院は駒込《こまごめ》へ移転しますが、かつて吉祥寺の門前に住んでいた住人たちは、市中整備のため立ち退きを余儀なくされます。その彼らが、幕府が新田開発を進めていた武蔵野の土地に入植したのは、万治《まんじ》二（一六五九）年のことでした。人々はここを、かつて住んだ土地の寺院の名前にあやかり「吉祥寺村」と名づけました。

現在も、吉祥寺には「吉祥寺」という名のお寺はありません。ですが、五日《いつか》市《いち》街道沿いに、通称「四軒寺」と呼ばれる寺院があり、これら月窓寺《げっそうじ》、光専寺《こうせんじ》、蓮乗寺《れんじょうじ》、安《あん》養寺《ようじ》も、この江戸時代の新田開発の時期から続いています。

現在の発展に繋がるきっかけは、何といっても鉄道の敷設でしょう。

吉祥寺村に線路が敷かれるのは明治二二（一八八九）年のことです。ちょうど吉祥寺村を含む近隣の四村と井口新田飛び地が、武蔵野村となった年です。

ＪＲ中央線の前身である甲武鉄道が、新宿と立川《たちかわ》（数か月後に八王子《はちおうじ》）間を結んだのですが、当初、吉祥寺に駅はありませんでした。そこで、吉祥寺村の住民たちが新駅設置の運動を起こし、村民自ら資金を集めて駅の用地を買収し、自ら働いて駅舎を作りました。明治三二年、これを鉄道会社に無償で寄付して出来上がったのが吉祥寺駅です。さらに、駅周辺の道路まで地元の人々が整備し、武蔵野村や東京府に寄付しました。

この時点で、最初の村の開拓から二〇〇年以上の歳月が流れていたのですが、駅建設にまつわる話は、開拓者魂が明治時代に入っても続いていたことを示すエピソードといえるでしょう。

駅舎から五日市街道に続く道（駅前通り＝現在のサンロード）も、このとき初めて整備されました。とはいえ、当初は狭く寂しい通りで、やっとできたのが旅館と洋品店だったそうです。

吉祥寺周辺や武蔵野村の人口が急増するのは、大正一二（一九二三）年の関東大震災がきっかけでした。翌年には、成蹊《せいけい》学園も池袋から移転してきました。私の生家のすぐそばにあった東京女子体操音楽学校（昭和二五年、東京女子体育短期大学となり、三六年に国立《くにたち》市に移転。翌年、東京女子体育大学となる）は、大正一〇年から吉祥寺に校舎がありました。

ともあれ、駅前通りにはポツリポツリと店が増え始めますが、吉祥寺にはまだ娯楽施設というものが一つもありませんでした。

ここでも、駅舎を作り出した地域の人々の熱意、開拓者魂が発揮されたようで、有志一〇〇人くらいが出資して、「井の頭会館」という、映画の上映も演芸の公演もできる娯楽施設を建てました。大正一四年のことです。

当時の映画興行の様子はというと、関東大震災前の大正一一年、東京市（まだ都ではありません）と隣接郡部に一一二の映画館があって、年間の入場者数は一七四〇万人でした。翌年の大震災で多くの映画館が被害をこうむったものの、四年後の昭和元（一九二六）年には、映画館数は一七八に増え、入場者も二四八七万人になっています。

映画といっても、当時は活動写真、つまり無声（サイレント）映画です。

無声映画時代のスターの名を挙げるとすれば、嵐寛寿郎《かんじゅうろう》や大河内《おおこうち》傳次郎《でんじろう》、尾上《おのえ》松之助、林長二郎《ちょうじろう》（のちの長谷川一夫）、阪東妻三郎《ばんどうつまさぶろう》、入江たか子、岡田嘉子、栗島すみ子、田中絹代といったところでしょうか。

無声映画ですから音や台詞《せりふ》は生《なま》、今で言う「ライヴ」です。映画は、楽団が奏でる音楽と、活動弁士の話術をセットにして楽しむものだったのです。

後年は俳優にもなった、徳川夢声という有名な活動弁士がいます。彼は赤坂溜池《ためいけ》の「葵館《あおいかん》」、銀座の「金春館《こんぱるかん》」、神田の「東洋キネマ」といった映画館を経て、大正一四年からは新宿の「武蔵野館」を根城に活躍しました。

夢声ほどの有名弁士も「井の頭会館」に来ることがあったようで、父も、観客の一人として夢声の姿を見たことがあったそうです。

当時はたくさんの弁士がいました。例えば、黒澤明監督のお兄さんである須田貞明《ていめい》もその一人で、黒澤監督はこのお兄さんの影響で無声映画時代の外国映画をしこたま観て、映画を研究したのだそうです。

実は、私の伯父もそうした弁士の一人でした。

私の父は、株式会社井の頭会館に勤め、後に四代目の社長を任されました。

父の話では、「井の頭会館」では映画だけでなく、浪曲、新内《しんない》（三味線音曲の一つ）などもかけていたそうです。

後年、映画館の仕事を始めてから私も実感したのですが、映画を上映するには、映画会社からフィルムを借りてこなくてはなりません。弱小の映画館にとって、これがなかなか難しいのです。父も、苦労したのではないかと思います。

終戦前、私がまだ生まれていない頃の姉たちの記憶によると、若き父はよく「ああ、もうだめだ。死んでしまう」とこぼしていたそうです。

戦後も、映画をかけないときは、貸事務所として選挙事務所に使わせたり、プロレスの興行を打ったりで、「イノカン」の経営にはいろいろと知恵を絞ったようでした。

ともあれ、父がどういう経緯で「井の頭会館」と縁を持つようになったのか、話を進めてまいりましょう。

流れ流れて東京へ

「蟹工船《かにこうせん》」から話を始めます。

蟹工船といえば、誰しもすぐ思い浮かぶのは小林多喜二《たきじ》の小説でしょう。これは、「移動する蟹缶工場」とでもいうような、底刺し網でとった蟹をその場で加工して缶詰にする船で、大正時代から操業が始まりました。徐々に船は大型になって、昭和初期には、乗り組む漁夫や雑夫の数が四〇〇〇人を超えたといいます。その労働の過酷さが函館の新聞で報じられたのが昭和元（一九二六）年、小林多喜二が取材し、小説として発表したのが昭和四年でした。

私は文学青年ではなかったので、小説の「蟹工船」をきちんと読んだ記憶はありませんが、映画化された作品は覚えています。名優・山村聰《そう》が、自ら主演し監督も務めた「蟹工船」(昭和二八年)です。今の若い人たちは、この旧作ではなく、平成二一(二〇〇九)年にこの小説のリバイバルブームがあったとき再映画化された、松田龍平の主演版(SABU監督)を観ているかもしれませんね。

と、突然、蟹工船の話を持ち出しましたが、実は私の父、本田實男《さねお》は、この蟹工船の乗組員になろうとしたのです。

父は明治四一(一九〇八)年、青森県の深浦《ふかうら》という港町に生まれました。七人兄弟の次男で、長男(私の伯父)は萠《はじめ》と言います。

本田家は、深浦で網元をしていました。

青森県の日本海側に面した深浦は、関西から各地に寄港しながら北上してくる北前《きたまえ》船《ぶね》の風待ちの港で、かつては津軽地方第一の港でした。明治半ば頃まではニシン漁も盛んで、水揚げされたニシンは、ニシン粕、身欠《みがき》ニシン、干し数の子などに加工され、北前船に積まれて各地へ運ばれました。

そうした商売で儲けていたのでしょう、一時、本田家では多くの使用人が働き、近隣の娘たちも行儀見習いも兼ねて、お手伝いさんをしていたそうです。祖父は村の人から、生まれた子供の名づけを頼まれるような地元の名士でした。

しかし、東北地方では明治三〇年頃からニシンの漁獲量が激減し、父が蟹工船に乗ろうとした頃には本田家も、かつての経済的余裕をなくしていたようです。

サネオは、

「北海道に行って船に乗り、大金を稼いでくる」

と言い残して、深浦を出たそうです。私が若い頃、伯父や叔母から聞いた話です。記憶の断片から想像を膨らませるので、当時の父の冒険行を、父はサネオ、伯父はハジメとしてご紹介しましょう。

妹たちからサネオの行く先を聞いたハジメは、冷水を浴びせかけられたような思いでした。

「北海道で船に乗って大金を稼ぐとは、蟹工船のことではないのか。こりゃ大変だ！」

サネオが、どのようにして蟹工船の仕事を知ったのかはわかりませんが、乗組員を集める男たちは、東北地方のあちらこちらを訪れていたので、深浦にも立ち寄ったに違いありません。

小説「蟹工船」には、「青森辺の善良な村長さんに選ばれてきた『何も知らない』『木の根ッこのように』正直な百姓もその中に交っている」とあるので、ニシン漁が不振となった網元の本田家を、直接、勧誘者たちが「失業している漁師を紹介してほしい」と訪ねてきたものと思われます。

「ここのところ、ニシンもさっぱりでしょう。いい話があるんです。これからは蟹です。ひと航海で一年分も稼げますよ。どうでしょう、不漁で困っている漁師たちを集めてはくれませんか」

そんな話を小耳にはさんだサネオは、「ひと儲けできる」と考え、さっそく行動を起こしました。

しかし兄のハジメは、蟹工船について悪い評判も耳にしていたに違いなく、弟が北

海道に向かったと聞くなり、

「あんな船に乗ったら、生きて帰れるかどうかわからない。連れ戻しに行く」

と言って、追いかけました。

ハジメが弟のサネオに追いついた場所が、函館《はこだて》だったのか、小樽《おたる》だったのか、それとも青函《せいかん》連絡船に乗る前の青森港であったのかは、わかりません。が、きっとこんな押し問答があったに違いありません。

「お前が乗ろうとしている船は、あいつらが言うような甘いもんじゃないと聞いているぞ。生きて帰れるかどうかだって、わからないらしいじゃないか。さあ、サネオ、一緒に深浦に帰ろう」

「兄さん、僕は次男だ。それに親父の商売も、うまく行っていないじゃないか。僕は自分で身を立てるために、まとまった資金を自分で稼ぎたいんだ」

もしこの話を今、映画に撮っているとするなら、この会話は青森港をバックに撮り、次は、無理やり連れ戻そうとする兄が、渋る弟の気分を変えようと、その腕を引いて街の活動写真館に連れて行く場面《シーン》になるのかな、と思います。

明治三六年、東京の浅草に活動写真の常設館の第一号ができ、以後、全国に活動写真館が開業し始めます。サネオが家を出た当時、例えば青森には、聚楽座《じゅらく》、歌舞伎座、青森座といった活動写真館がありました。田舎の場合は、活動写真館ができても弁士や楽団が常にいるとは限らず、映画の機材一式を携え、弁士や楽団を引き連れた巡業隊が、興行に出向いていたそうです。

当時は船の性能もさほど良くなかったのでしょう、青森では海がちょっと時化《しけ》ると、連絡船は数日間、運航を取りやめました。それで、かなり有名な活動写真の一座も、連絡船を待つ短い日程を活用しようと、青森で公演を行ないました。もちろん一座としては、北海道の大きな街で公演するつもりですが、待っているくらいなら、時間を無駄にせず稼ぎたい。そういうわけで青森は、街の規模にしては映画などの興行の多い街だったようです。

こうして青森で、弁士の巧みな語りや楽団の華やかな演奏付きの活動写真を観た兄弟は、すっかり魅了され、自分たちも活動弁士として身を立てようと決意します。それには東京に行くしかありません。

では、本田の家はどうするか。幸い三男がいます。二人は「家は弟に継がせよう」と決めます（結局は三男〔私の叔父〕も家は継がず、東京に出てきて会社員になったのですが）。

こうしてハジメとサネオは、東京を目指して旅立ちます。とはいえ旅費もないので、どこから調達したのか三味線を手に、道中、唄や踊りを披露しては、路銀を稼いだと聞いています。そんな芸をどこで身につけたのか不思議ですが、景気のいい頃の本田家には、民謡歌手や芸者や幇間《たいこもち》らがしばしば呼ばれていたので、門前の小僧よろしく覚えたのかもしれません。

余談ですが、私が大人になってから、深浦の祖父の位牌が菩提寺《ぼだいじ》とは別のお寺で見つかりました。その戒名がなんと「快楽院〇〇〇」。どういう経緯でそんな位牌が作られたのかはわかりませんが、この位牌からも祖父が、洒脱と言うか、相当な「遊び人《びと》」であったことがうかがえます。

ハジメ伯父が、後年、私に語って聞かせてくれたところによると、景気のいい町でご祝儀をはずまれた日には、老舗の高級旅館にも泊まったそうです。また、誘いの言葉に乗せられ招待された旅館で、飲めや歌えの大騒ぎの後、招待した人が支払いを自分たち兄弟に期待しているのに気づいて、ゆかたの紐を繋いで二階から逃げ出したこともあったそうです。まるで映画のワンシーンのようですね。

こうして東京へ出てきた兄弟ですが、兄のハジメは活動弁士に弟子入りし、ほどなく免許皆伝で芸名をもらい、高円寺の映画館で仕事にありつくことができました。弟のサネオは兄について回り、活動弁士の修業をします。

活動弁士から勤め人に

昭和初期、日本の無声映画は最盛期を迎えました。一年間で約四〇〇〇本もの作品が作られ、娯楽の王様になりました。

映画製作を担ったのは、大手の松竹や日活だけではありません。時代劇映画のスーパースターたちがこぞって自分のプロダクションを持ち、それぞれが独自の小さな撮影所でチャンバラ映画を量産しました。阪東妻三郎プロダクション（一九二五～三六年）、市川右太衛門《うたえもん》プロダクション（一九二七～三六年）、片岡千恵蔵《ちえぞう》プロダクション（一九二八～三七年）、嵐寛寿郎プロダクション（一九二八～二九、三二～三七年）などです。

しかし時代の主役は、すぐに「トーキー」と呼ばれる音声入り映画に移ります。昭和六（一九三一）年の「マダムと女房」（五所《ごしょ》平之助監督）が、完全な形でのトーキーの日本で最初の成功作です。

映画作りには、サイレントよりトーキーのほうがお金がかかるので、自前のプロダクションで映画を作っていたスターたちも、再び大手の会社に所属するようになります。

もっとも、映画館にしてみれば、トーキーを上映するには音響設備が必要なので、全部の映画館が一気にトーキー専門になったわけではありません。しかし、活動弁士には衝撃でした。無声（サイレント）映画がいっぺんになくなるわけではないけれど、早晩立ち行かなくなるのは目に見えています。

活動弁士として東京で身を立て始めた伯父ハジメの未来にも、暗雲が立ちこめてきたわけです。

一方、弟のサネオのほうは、まだ活動弁士見習いの身、一人前に稼ぐことさえできません。兄について回る以外の日は、どこかの軒先を借りて、露天商のようなことをして食い扶持《ぶち》を得る日々です。

兄弟がそんな状態だったと思われる昭和三（一九二八）年、吉祥寺のある武蔵野村は武蔵野町になります。震災後、東京市中から移転してきた人などで、町の人口も一万三〇〇〇人に増えていました。

翌年には、新たな武蔵野町役場が、吉祥寺駅の北西の中町に落成しました。また、駅前には「吉祥寺アーケード」と呼ばれる商業施設が建ち、一階では食料品、雑貨、電気製品の店が、二階ではビリヤード店や麻雀店が営業を始めました。

ある日、吉祥寺で傘や提灯《ちょうちん》を商《あきな》っていた小美濃《おみの》さんという方が、サネオに声をかけてくださいました。おそらく小美濃さんの店の軒先を借りて商売をしていたのでしょう。

「どうかね、『井の頭会館』に勤める気持ちがあるなら紹介するよ」

小美濃さんは「株式会社井の頭会館」の株主の一人だったのです。働きぶりを買われたのかもしれませんが、もしかしたら世間話で、活動弁士の修業中であることを話したのかもしれません。「井の頭会館」は、東京とはいえ郊外の劇場なので、従業員に活弁の覚えがあると何かと便利、と思われたということもありそうです。

おそらく兄にも相談したでしょうが、無声映画が近い将来トーキーに取って代わられることがわかっていたハジメ伯父は、劇場勤めを勧めたに違いありません。

こうしてサネオは、「井の頭会館」の従業員となりました。

サネオにとっては、東京で初めて得た安定した職です。どんなに有り難かったことでしょう。ですから懸命に働きました。

最初は、観客を集める営業やら何やら、劇場内の何でも屋だったようです。

「映画が始まりますよ」という開演の知らせは、手持ちの鐘を鳴らせて知らせたそうです。昔は小学校の授業開始の合図も、用務員さんが手で振って鳴らす鐘だったのですが、そんなことを記憶している人も少なくなりましたね。

前にも書いたように、「イノカン」では浪曲、新内などもかけられました。大正一四（一九二五）年に建てられた劇場なので、おそらくトーキーを上映する音響設備も、当初は整っていなかったものと思われます。弁士付きで無声映画を上映する日もあれば、演芸場や寄席のような興行の日もある。それらの番組《プログラム》を組むのも、重要な仕事だったでしょう。

そうした勉強も兼ねてか、それとも単なる趣味だったのか、サネオはよく寄席に出かけました。そして、何度か通った高田馬場の、たしか「錦成館《きんじょうかん》」という名前の寄席で、北陸出身の母と知り合います。

私の母、濱《はま》は、大正元年生まれ。当時は母親（私の祖母）の勤める寄席で下足番の手伝いをしていました。

この高田馬場の寄席は、後年の「バウスシアター」時代、落語会のゲストに来てくださった漫才師の内海《うつみ》桂子師匠が「その寄席なら出たことがあるよ」とおっしゃっていたから、戦後までしばらくは続いたようです。

父と母の結婚は、母の親から大変な反対にあったと聞いています。今よりもずっと若くして嫁入りする時代だったとはいえ、おそらく父は二一歳、母はまだ一七歳くらい。反対した親の気持ちもわかります。

「ある雪の降る寒い日でありました。サネオはハマの家の前に立ち、ピュ〜と口笛を吹き、『おハマ〜』と声をかけました。すると、風呂敷包み一つ抱えたハマが、裏口からそっと出てきました。サネオのさす番傘の破れ目からハラハラと雪が舞い込み、二人の肩に落ちたのです」

そんな語り口の話を、元活動弁士のハジメ伯父から聞かされたことがあります。

ハマ（濱）は、親の反対を振り切って、サネオ（實男）と一緒になったのでした。

もしかしたら、元弁士の伯父ならではの、まるで映画のような脚色が入っているのかもしれないのですが。

娯楽の受難時代

「井の頭会館」で働く中で、父はこの劇場がどのような経緯で建てられたかを聞き、仕事にさらに誇らしさを感じたのではないかと思います。地元の有志たちが自らお金を出し合って建てた、吉祥寺の最初で唯一の劇場であることを、後年もずっと大切にし続けていたように思います。

また、兄弟揃って芸事が好きであったことも、劇場勤めに熱意を燃やした要因の一つだったような気がします。

ともかく、八面六臂《はちめんろっぴ》の大活躍だったのでしょう、やがて父は、四代目の社長として経営を任されるようになりました。

この頃の父には、吉祥寺の発展という時代の追い風もありました。

昭和八（一九三三）年、帝都電鉄が渋谷から井の頭公園まで開通し、翌年には、それが吉祥寺駅にまで伸びました。現在の京王井の頭線です。

吉祥寺の周辺も、かつての農村から変貌し、だんだん住宅が増え、工場が建ち並び始めます。昭和五年に移転してきた計測器メーカーの横河《よこがわ》電機製作所や、昭和一三年にできた中島飛行機株式会社武蔵野製作所などの工場です。それらの下請け工場も、徐々に増えて行きました。

「井の頭会館」は、そうした工場で働く人々にも娯楽を提供したのです。

しかし時代は、徐々に戦時色を濃くして行きます。

昭和一四年、「映画法」という法律が施行され、映画の製作や配給をする者は、政府の許可を得なくてはならなくなりました。また、一旦許可が下りたとしても、「公益ヲ害スル行為ヲ為シタ」と判断されれば、製作中止の憂き目に遭いました。それまでも、内務省で試写を行なうという検閲がなされていましたが、「映画法」以後は、シナリオの段階から口うるさい審査が始まるようになったのです（ちなみに、戦前に大人だった父の世代には、内務省というのは大きな存在だったようで、私がまだ小さな頃、父はよく宴席などで「箱根の山は～」の唄〔箱根八里〕を替え歌にし、「いつもお金がナイムショウ」と歌っていたものです）。また、取り締まるだけでなく、国策にかなった作品には助成金や賞金を与える、プロモーションのようなことも行なわれました。

「ニュー・シネマ・パラダイス」（ジュゼッペ・トルナトーレ監督／一九八九年）というイタリア映画をご存じでしょうか。ちょうどこの映画も、第二次世界大戦中のシチリア島の田舎の映画館が舞台です。この映画でも、キスシーンなどが検閲で切り取られていましたね。

日本の戦前の映画も、多くの作品がこうした検閲で没になったり、切り刻まれたりしたのです。それは、戦後の占領時代も同じです。

木下惠介という松竹の大監督がいます。

「バウスシアター」がオープンした昭和五九年に、〈日本映画の巨匠〉というプログラムで、小津安二郎監督とともに木下監督の作品も上映しました。

木下惠介は、戦時色の強くなった昭和一八年、松竹の「花咲く港」という作品で監督デビューしました。しかし、一九年に作った四作目、火野葦平《ひのあしへい》原作の「陸軍」で軍から睨《にら》まれてしまいます。忠君愛国の一念で代々陸軍軍人を出す九州小倉の一家の物語で、陸軍の要請で作られた作品でしたが、クライマックスの、息子の連隊が出征の命を受け博多の街を行進する場面《シーン》で、見送りに出た田中絹代演じる母親が、息子の身を案じるあまり、どこまでもどこまでも隊列を追い続けます。これが陸軍側から問題視され、木下監督は次の作品作りを禁じられたといわれています。

この木下監督の経験は、平成二五（二〇一三）年に〈木下惠介生誕一〇〇年プロジェクト〉の一環として製作・公開された、戦時中の彼と家族を描く映画「はじまりのみち」（原恵一監督）で、主要なエピソードとして描かれています。

製作が不自由だっただけでなく、興行する側も管理されました。縮小を余儀なくされた映画会社は、松竹、東宝、大映の三社に統合されたのですが、それぞれの製作会社が持っていた配給の部門も、昭和一七年に設立された社団法人映画配給社（映配）に一元化されました。全国に二三五〇あった映画館は「紅」と「白」の二系統に分けられ、決められた映画を上映する、という仕組みになったのです（このときの「紅系《べにけい》」「白系」という言い方は、戦後「武蔵野映画劇場」が松竹系の封切館となった頃にも使われていましたが、この話は後述します）。

映画だけではなくすべての娯楽が管理され、時勢に相応《ふさわ》しくないと見なされたものは、いろいろと制限を受けました。

映画館が、映画の上映が難しいから代わりに落語などの演芸をかけたいと思っても、時勢にふさわしくない演目は上演できません。廓噺《くるわばなし》（遊郭を舞台にした落語）など五三本の「禁演落語」は、落語家さんたち自身が葬り（自主規制し）、浅草の本法寺《ほんぽうじ》で

昭和 19（1944）年 8 月 12 日（土）の『読売報知』新聞に載った、李香蘭主演・満映（満洲映画協会）製作の映画「萬世流芳」（張善琨他監督）の広告。左下に「井之頭会館」の文字が見える

供養されました。そればかりか、慰問団で遠方に出かけていたり、疎開して東京にいなかったりで、芸人さんを呼ぶのも難しい時代となっていました。社長とはいえ雇われの身です。利益を出さなくては、解雇されることは目に見えています。姉たちの記憶にある父の「ああ、もう死んでしまう」とこぼしていた姿には、こういう背景があったのだろうと思います。

戦争中の父は、軍への召集対象である四〇歳以下でもあったので、いつか自分にも赤紙が来るのではないか、と恐れてもいたでしょう。

そんなさなかの昭和一九年二月、私が生まれました。長女、次女、長男に次ぐ末っ子です。母には高血圧の持病があったため、大変な難産だったと聞きました。

吉祥寺にあった工場群は、当初は町の景気をよくすることに貢献したのですが、戦争中は裏目に出ます。それらが軍需工場であったため、武蔵野市は、東京の中でも真っ先に空襲を受けることとなったのです。

昭和一九年一一月一日、東京の上空にB29が飛来しました。このときは、中島飛行機の荻窪工場があった井荻《いおぎ》や、陸軍向けに「隼《はやぶさ》」を製作していた武蔵野工場と、海軍向けに「零戦《ぜろせん》」を製作していた多摩工場があった武蔵野町西窪・関前《せきまえ》（現在の西久保・緑町《みどりちょう》・関前・八幡町《やはたちょう》）など、飛行機工場や関連施設のある地域の偵察飛行でした。次いで同月二四日、今度は七〇機近くのＢ29が来て、中島飛行機工場が集中的に爆撃されました。工場だけでも終戦までに合計九回、武蔵野市全体でも、一〇回以上の爆撃がありました。

爆撃による火災の被害を避けるため、吉祥寺駅の周辺は強制疎開地とされ、運送屋と米や塩を扱う店を残し、ほとんどの建物が壊されてしまいます。

わが家は、強制疎開地としての立ち退きは免れたのですが、そのすぐ近くだったので、安全を考えて子供たちを深浦へ疎開させました。

多くの人が疎開したため、終戦時の武蔵野市の人口は、前年から一万七〇〇〇人以上も減っていました。

2

映画館が遊び場だった

——戦後の復興と子供時代

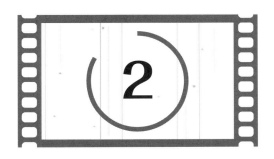

終戦後の吉祥寺

昭和二〇(一九四五)年八月一四日、日本は連合国のポツダム宣言を受諾しました。翌一五日の正午、ラジオで玉音《ぎょくおん》放送が流されました。

その頃まだ乳飲み子だった私には、戦争の思い出も、戦後の混乱期の思い出も、当然のことながらまるでありませんが、聞き知ったことや本で読んだことでたどってみます。

太平洋戦争末期、首都東京には大量の爆弾や焼夷弾《しょういだん》が落とされましたが、大きな被害に遭ったのは、人口密度が高く、木造の家屋が密集していた都心の東部（下町）と、中島飛行機製作所があった武蔵野町（まだ市になっていません）でした。

一時は五万人近くが働いていた中島飛行機製作所では、空襲で二〇〇人以上が亡くなり、周辺の住民も含めると数百名の犠牲者が出たといいます。

工場があった場所は、現在の都立武蔵野中央公園です。吉祥寺駅周辺は、そこから三キロほど離れていたせいか、爆撃による大きな被害は免れ、「井の頭会館」も、その裏にあった私たちの家も無事でした（私の子供時代、「イノカン」の舞台の下には防空壕が残っていました。暗くて隠れ場所にぴったりだったので、よくカクレンボに使ったものです）。

駅前には、がらんとした大きな空き地が広がっていました。建物の強制疎開で生まれた更地《さらち》です。

戦争が終わるやいなや、ここに露天の商売人が集まってきました。いわゆる「ヤミ市」です。現在、吉祥寺駅の北に、小規模な商店がひしめき合う「ハモニカ横丁」がありますが、ここはその戦後すぐのヤミ市の名残です。

ちなみに、終戦の年の年末頃までに、東京には一万七〇〇〇箇所くらいのヤミ市があり、八万人もの人たちが店を出していたそうです。戦時中の配給制度を続けなくてはならない食糧難の時代で、食料品の値段は高騰しました。当時の新聞に、「初任給二一〇円の人が新橋のヤミ市で、目刺しが三匹で一〇〇円もしているのを見て驚いた」という記事が残っています。

ヤミ市に、統制の網をくぐった食料品や、ブローカーが近郊の農家から買ってきた農産物、旧軍隊から流出した加工食品や日用品などが並んでいる様子は、終戦後すぐの時代を描いた映画にも、よく登場します。

黒澤明監督の「野良犬」（一九四九年）でも、盗まれた拳銃を探す主人公・村上刑事（三船敏郎）がヤミ市をさまよいますが、そのヤミ市は上野などの実景だったそうです。

吉祥寺のヤミ市は、地回りたちが、荒縄で更地を一坪ほどずつに区切って露天商に貸し出し、場所代を徴収する、といった方式で始まり、やがて小規模な店が四〇〇店近くまで増えて行きます。

当地のヤミ市には、中国系を筆頭としたアジア系外国人の店が少なくありませんでした。比較的お金を持っていた華僑の人々などが、駅前の借地権を買収して中華マーケットを作ったりしました。そうした中華マーケットには、日本人には入手困難な化粧品やストッキング、タバコ、外国製の缶詰などが売られていました。進駐軍からの横流し品です。

吉祥寺のヤミ市ではそうした入手困難な「高級品」も買うことができたため、地元はもとより周辺の町からも、お客が集まってきたといいます。これが、戦後、吉祥寺が商業地区として発展して行くきっかけとなったようです。

少し前に書いたように、吉祥寺で唯一の娯楽施設だった「井の頭会館」は、運良く戦災を免れました。

終戦時に残っていた映画館は、全国で一二二〇館。戦前の最大数である昭和一六年の二四六六館に比べれば半分です。

「イノカン」が戦後いつから、どのような興行を行なったのかについては、残念なががら記録がありませんが、焼け残った映画館の中には、終戦の日から約一週間で営業を再開したところもあったそうです。「イノカン」もおそらく、終戦後間もなく映画館として再出発を遂げたのだろうと思います。

前に、戦後すぐは貸事務所として選挙事務所に使わせたり、プロレスの興行を打ったりした、と記しましたが、私の幼い頃の記憶には、そうした生興行《なま》で出演した浪曲師の二代目広沢虎造さんの姿があります。我が家を楽屋代わりにして出番待ちをしていた虎造さんが、私がお茶を持って行ったらダッコしてくれて、あの声で「かわいい坊やだなぁ」と言ってくれたのです。

また、堺駿二さん（堺正章のお父さん）と笠置《かさぎ》シヅ子さんが二人で舞台に出て、ミュージカルを演じたり、歌を歌ったりしたこともありました。

昭和二二年一一月三日、晴れて武蔵野町は武蔵野市となりました。人口は急増して、六万人を超えていました。

幼児だった私は、劇場内を整理する母親の背中におんぶされて〝映画館通い〟を始めたようです。

私が物心のついた昭和二〇年代の後半には、「イノカン」は観客であふれかえっていました。立ち見などは当たり前、客席のドアが閉まらないくらいお客さんが入って、母が背中を押して中に押し込んだり、お客さんが舞台のスクリーンのはじにまで登って映画を観たりといった様子は、鮮明に私の記憶に刻まれています。

網を持って魚とりに

私たちが住んでいた家は、吉祥寺駅から徒歩五分のところにありました。長屋のように並ぶ木造の仕舞屋《しもたや》です。道路が舗装されていたのは、駅前周辺や商店が並ぶごく一部だけだったので、我が家の前の道には、雨が降れば水たまりがあちこちにできました。

私が通った小学校は武蔵野市立第四小学校です。私は戦後のベビーブーマーよりも少し上の世代に当たりますが、それでも一学年に七〜八組はありました。

小学校までの通学路には高い建物がなく、途中には吉祥寺発祥の頃からあるお寺や、樹木が生い茂る森のような場所もありました。学校の帰りにお寺の敷地に寄り道しては、玉砂利を物色し、少々いただいて帰ったものです。この玉砂利は、ビー玉遊びのビー玉代わりにするのです。春先に、竹林の下に頭を見せたタケノコを引っこ抜いて、持って帰ったこともあります。

家の近くには東京女子体育短期大学（旧・東京女子体操音楽学校。当時は「音短」とか「藤村学園」とか呼んでいたように思います）があり、そこのグラウンドにはちょっとした遊具もあって、小学生には格好の遊び場だったので、こっそりもぐり込んでは遊んでいました。

そうそう、「イノカン」の道路（今の公園通り）を挟んだ向かい側に、私の父を「イノカン」に紹介してくださった小美濃さんの、提灯や傘を売る店がありました。その小美濃さんの次男坊ともよく遊んだものです。

中央線の踏切を渡って南に行けば、井の頭公園です。同級生と連れ立って、魚網を持って魚やエビガニ（ザリガニ）をとったり、トンボやイナゴをつかまえたりしました。イナゴは焼いて食べもしました。昆虫採集をしたこともあります。戦時中、亡くなった人たちのお棺用に伐採されたため、公園の木々は減っていたのですが、それでも当時、井の頭公園は、子供たちにとっては理想の遊び場所でした。

大人になってから知ったことですが、井の頭公園の南のほうには「平山昆虫博物館」という、昆虫好きには（今風に言えば）「聖地」のような場所がありました。そこは『原色千種昆虫図譜』という図鑑の著者である平山修次郎の私設博物館で、その図鑑をこよなく愛した少年時代の手塚治虫が、いてもたってもいられず、わざわざ兵庫県の宝塚から、ここを訪ねて上京したことがあったのだそうです（昭和三〇年頃、閉館したそうです）。

まだ小学生だった私はそんなことは知らず、公園の南にあったこともあって、行くことはありませんでした。

今の時代は、子供が興味を持つものに親があれこれアドバイスするのでしょうが、当時は「子供は勝手に育つ」と言って、放任されたものです。三歳年上の兄がいたので、兄が魚とりやイナゴとりに興味があれば、少しはアドバイスしてくれたかもしれませんが、兄はどちらかというとそうした外遊びには興味が薄く、むしろ読書好きで、勉強が優秀。また、機械いじりや工作といったことも好きで、いつも何かを作っていました。

一緒に遊んでくれる同級生がいない日は、私は、かばんを家に投げ入れるやいなや「井の頭会館」へ走りました。「走った」と言っても家の裏側で、子供の足でも数分もしないうちに到着します。

幼い私にとってここは、どんなに長い時間を過ごしても厭《あ》きることがない、楽しい遊び場所の一つでした。

「テケツ」――「チケット」がなまったのでしょう、映画館の切符売り場はこう呼ばれていました――には、母が座っていました。テケツには小さな窓口があって、そこでお金と引き換えにチケットを渡します。入館すると入り口に「もぎり」(チケットを切る人)がいるのですが、私はもちろん顔パスです。館内側から「テケツ」の小部屋の扉を開けて、母にお小遣いをねだったこともあります。

「ねぇ、アイスキャンデー買うから」

と手の平を出す私。

「ああ、みんなの分も買ってくるんだよ」

日頃厳しい母でしたが、冷房もない映画館で働く人には、細やかに気を配る人でした。

私は数軒先にある「照月《しょうげつ》」という和菓子屋さんへ走ります。最中で有名なお店でしたが、夏にはアイスキャンデーも売っていました。

ここのご主人は元軍医でした。私が井の頭公園で夢中で遊んでいて、高いところから落っこち腕を骨折したときには、副《そ》え木（アイスキャンデーの芯にする割り箸でした！）を当て、包帯をぐるぐる巻いて〝治療〟してくれたことを思い出します。

隣に住んでいた初見さんというおじさんも、私をかわいがってくれました。

夏休みのある日、その初見さんが「湘南に海水浴に連れて行ってあげよう」と言ってくれました。夏休みは映画館はかき入れ時で、めったに家族で海水浴に行ったりしない私を、不憫《ふびん》に思ったのでしょうね。私は、母に許しをもらいました。

「連れて行ってもらいなさい。ちゃんとお行儀よく、おじさんの言うことを聞いてね。

それから、ちゃんと自分の分はお金を支払うんだよ」

そう言って母は、小さながま口にお金を入れて私に持たせてくれました。

しかし、子供ですから、そんなことはすっかり忘れていました。「自分で払います」とうまく言い出すタイミングを失ってしまったのかもしれません。とにかく、帰宅した私のがま口のお金が少しも減っていないのを見た母に、こっぴどく叱られ、押入れの中に入れられたことだけはよく覚えています。

上半身裸の映写室

映画館の心臓は、映写室です。

ロビーから階段を上がると映写室があります。映写室には、技術長の黒沢さんと、当時はまだ若手の技師だった（のちに技術長となる）遠藤さん、それと何人かの技師らがいたのですが、狭い上に、当時はクーラーもありません。映写機も、「カーボン式」といって映写機の内部の炭素棒を高温にして光を放たせる方式なので、よほど暑かったのでしょう、彼らはたいてい上半身裸で仕事をしていました。

上映の終わったフィルムを映写機から取り外して大きな缶に入れたり、映写室ののぞき穴からスクリーンの様子を見たり。そんな仕事ぶりを隅のほうから眺めているのも好きでした。

兄も映写室が好きでした。というより、むしろ兄の一番好きな場所でした。兄は黒沢さんや遠藤さんらといろいろ機械について話し込み、彼らから映写機の説明を受け、使い方を習っていました。幼い私は、少しうらやましく思ったものです。

ロビーの隅には、売店がありました。私の小さい頃は、まだポップコーンなどというシャレたものはなく、売っていたのは、いわゆる「おせんにキャラメル、あんパンにラムネ」の類《たぐい》です。休日などお客さんでいっぱいになる日は、駅弁売りよろしく肩バンドでカゴを下げ、お菓子やみかんや飲み物を劇場内でも売り歩きました。売店は父の妹たち、つまり私の叔母たちが、深浦から上京して手伝っていました。

建物の裏手にはボイラー室がありました。館内の暖房は、ボイラー室の大型ストーブに石炭をくべて行なっていました。この作業は、眺めているぶんには楽しかったのですが、見るとやるとでは大違いで、のちにアルバイトで映画館を手伝うようになって、ここを担当させられたら、力仕事だし顔は真っ黒になるしで大変でした。ロビーの重々しいドアを開けて中に入れば、客席です。平日、空いていれば映画を観ることもありました。でも、たいていは、私の好きだった「ターザン」ものやディズニー映画ではなかったので、しばらく観たら、「ふ〜ん」と思って、またロビーで遊んだものです。

上映中の客席では、スクリーンを眺めるよりも、まわりの大人たちが、声を出して笑ったり、ハンカチを出して目頭をおさえたりする姿を、もっぱら観察していました。そして、「映画ってすごいんだな」と思いました。

二階席には、戦前の臨監席の名残がありました。戦後はもう検閲制度がなかったので、そこに警察官やお役人が座ることはなかったのですが、〝特別なお客様〟にはそこに座っていただくことがありました。

その日は、市の職員が座っていました。ところが、彼が客席を見下ろすと、小学生の男の子がキョロキョロしています。どうやら同行してきた家族もいないふうです。

新任の職員だったのでしょうか、私の家のことを知らなかったのでしょうね。あわてて階下に下りてきて、

「こら〜、何をしている！」

と、私をどなりつけました。

私はすばしこくテケツの母のもとに逃げ込みました。

「この子は、うちの子ですよ！」

母が事情を話して一件落着しましたが、後で考えればその人は、当時社会問題にもなっていた、戦災孤児の浮浪児が迷い込んだとでも思ったのでしょう。都会の片隅で寄り集まって暮らさざるを得ない、戦災で家族を失った子供たちがたくさんいた時代です。その人は気まずそうに、映画を終わりまで観ることなく帰って行きました。

この二階の「特別席」は、乙羽《おとわ》信子や望月優子といった女優さんたちが、お忍びで映画を観に来たときにも活用されました。


母は、気丈な人でした。

ある日、母が腕にケガをして包帯を巻いていています。姉たちに聞くと、「アオタンギリ」で入ろうとした男を断固として入場させなかったからだと言います。当時は、「タダで映画を観せろ！」とごり押しする無銭入場を「アオタンギリ」と言っていました。そんな男ともみ合いになって、ケガをしてしまったのでした。

ヤミ市にはいろいろな人が集まります。昼間から怪しいお酒を出す店もありました。吉祥寺駅の南口には、戦後、青物市場もできて、威勢のいい男たちがたくさん働いていました。決して行儀のいい観客ばかりとは限らない時代だったのです。

客席では、煙が充満するほどタバコの吸い放題。弁当の折箱やみかんの皮といったゴミも、捨て放題でした。それでも私にとっては、映画館はまるで遊園地のような面白い場所でした。

遊園地といえば、「コニーアイランド」という移動遊園地が近くにやってきたとき、忙しいはずの父が連れて行ってくれたことをよく覚えています。

「映画館は儲かる！」

戦後の「井の頭会館」でどんな作品が上映されたのか、残念ながら、記録はありません。幼児だった私にも、タイトルなどの記憶はほとんどありません。

戦争が終わって最初に作られた日本映画は佐々木康《やすし》監督の「そよかぜ」で、一〇月一〇日には封切られたそうです。脚本家の岩沢庸徳《つねのり》によるシナリオは、「百万人の合唱」という、戦前に書かれた、慰問隊をテーマにした戦意高揚物語だったのですが、それを平和なレビューものに急遽作りかえたといわれています。照明係の少女（並木路子）が楽団員たち（佐野周二や上原謙）に助けられて歌手になるスター誕生物語なのですが、赤ん坊だった私には、当然記憶がありません。ただ、サトウハチローと万城目正《まんじょうめただし》による挿入歌「リンゴの唄」は、その後、ラジオなどから流れてくる戦後最初の流行歌になり、その後もよく歌われたので覚えています。

このほか、横山エンタツ、花菱アチャコ、古川緑波《ろっぱ》といった戦前からの喜劇俳優らが帰還徴用工を演じ、東京を復興させようとする喜劇映画「東京五人男」（斎藤寅次郎監督）や、高峰三枝子や水の江瀧子といった豪華女優がきらびやかな衣裳で歌い踊る「グランド・ショウ 一九四六年」（マキノ正博監督）といった映画が、終戦後、いち早く作られ、昭和二一年の正月映画として公開されました。

もちろん戦前の映画であっても、GHQ（連合国軍最高司令官総司令部）の許しが得られれば、戦後も上映されました。たとえば、昭和一三（一九三八）年に公開され大ヒットしたメロドラマ「愛染《あいぜん》かつら」（野村浩将《ひろまさ》監督）などがそれです。

しかし戦後しばらくは、GHQの民間情報教育局（Civil Information and Education Section）が戦前の内務省に代わって検閲などを行なっていて、日本の映画会社は英訳したシナリオを事前に提出せねばならず、自由に映画が作れる状態ではありませんでした。特にチャンバラ映画などの時代劇は、封建的な内容だからだめだ、と決めつけられて、厳しく制限されました。

それでも、やがて時代劇映画に対する制限が解け、各社が競うように時代劇映画を作り始めます。「井の頭会館」で見たチャンバラ映画が何だったのか、さっぱり覚えていませんが、やはり「鞍馬天狗」が私たちのヒーローで、チャンバラごっこが大ブームでした。

戦前から人気だった「鞍馬天狗」が復活するのは、昭和二五年頃からです。無声映画時代から天狗を演じてきた嵐寛寿郎の昭和二六年の「鞍馬天狗　角兵衛獅子」（大曾根辰夫監督）は、お盆に封切られ、空前の大ヒットになりました。

この作品で天狗を慕う少年・杉作を演じたのは、美空ひばりです。NHKのラジオ放送「素人のど自慢」や横浜の舞台で歌って注目されたこの少女が、映画に初出演したのは昭和二四年の「のど自慢狂時代」（斎藤寅次郎監督）。同年、「踊る龍宮城」（佐々木康監督）で初のオリジナル曲「河童ブギウギ」を歌ったのが、本格的なデビューだったそうです。

どの映画で見た美空ひばりかは記憶にないのですが、幼な心に「ずいぶん大人っぽい女の子だなぁ」という印象が残っています。「悲しき口笛」（昭和二四年）に続き「リンゴ追分」（昭和二七年）も大ヒットして、大スターになったことはご承知の通り。「忠臣蔵」をテーマにする映画も何本か観た記憶がありますが、こちらは、幼い頃はあまり面白いものではありませんでした。ところが、大人になってからは、映画化されれば映画館に足を運び、テレビで番組をみつけると観てしまいます。年齢を重ね、社会経験を積めば積むほど、「なるほど」と気づかされることが増えて行くのが「忠臣蔵」というテーマの面白さです。そのためか、「忠」という「まごころ」を表す文字が、非常に好きになりました。

昭和二〇年代、人々の生活はまだまだ楽ではありませんでした。生活が苦しいからこそ、映画という娯楽に人々が押し寄せたのだと思います。お正月やお盆といった映画館の稼ぎ時には、テケツの前は大行列、入場料を収納する箱からは、お金があふれかえりました。幼い私も、床に散らばったお金を拾い集める、ちょっとしたお手伝いをしたりしました。猫の手も借りたいとは、まさにこのことでしょう。

この様子を見て「映画館は儲かる！」と思った人が少なくなかったようで、映画館の建設ラッシュが始まりました。

政府は昭和二一年四月、「住宅などの急を要する建設よりも活発である」として、戦災復興院による「不急建設制限令」で、待合茶屋や料理店などとともに、映画館建設に対する資材の配給を制限します。それほどの建築ラッシュだったのです。特に資材不足は深刻だったようで、翌月には、「臨時建設制限令」まで公布され、料理店、劇場、映画館だけでなく、大規模（五〇平米以上）な木造建築の新築や増設まで認められなくなりました。この状態が一年も続きます。

それでもやはり、人々の欲求に押されたのでしょうか、全国で映画館は増え続け、昭和二五年には、戦前の最大値（昭和一六年）の二四六六館に迫る二四一〇館にまで増えました。

父もまた、吉祥寺に二軒目の映画館を建てることを決断します。

「息子が二人いるので、映画館も二つあったほうがいいと思った」

とか、

「地元の人々の、外国映画をもっと観たいという声に応えなくては」

といった話を父から聞いた覚えがありますが、時代の空気も、押せ押せだったのではないでしょうか。

戦後すぐの外国映画事情

二軒目の映画館「武蔵野映画劇場」（略称MEG。のち「吉祥寺ムサシノ映画」と改称）ができたのは、昭和二六（一九五一）年三月のことでした。

この頃の「井の頭会館」は「東宝映画封切館・松竹併映」の日本映画の映画館だったので、「武蔵野映画劇場」では洋画を上映することにしました。経営者としては、洋画の入場料が日本映画のそれよりずっと高かったので、売り上げが増えると考えたのでしょう。

ただし、洋画を上映するといっても、当初はアメリカ映画ではなく、ヨーロッパ映画の上映館だったようです。戦後の洋画事情にも、なかなかに厳しいものがあったのです。

外国映画は、戦前から大変人気があったそうです。特にアメリカの各大手映画会社が東京に日本支社を置いて輸入に力を入れたので、戦前の日本では、アメリカ映画が最も多く上映されていました。

しかし戦時中は、アメリカやイギリスの映画は「敵国映画」として上映が禁止されました。戦後、「敵国映画」の制限はなくなりましたが、ＧＨＱは映画輸入に厳しい制限をかけました。当初のＧＨＱの方針は、「外国映画はアメリカ映画だけ」というものだったそうですが、やはりヨーロッパの映画も認めざるを得なくなります。ただし、ドイツ映画は戦前に輸入された作品も含め上映禁止で、アメリカ映画以外の外国映画には上映本数の割り当て制限がありました。

さらに、新作の外国映画は、一つの国に対して一つの会社にだけ輸入を許可する、という制限もありました。例えば、イギリス映画は英国映画協会日本事務所、フランス映画はフランス映画輸出組合日本事務所、イタリア映画はウニタリア・フィルム（イタリア映画海外普及機関）の代表が作ったイタリフィルム有限会社が輸入を担う、といった具合です。

アメリカ映画については、ハリウッドの主要な映画会社が占領地での映画ビジネスのために作った映画輸出協会（ＭＰＥＡ：Motion Picture Export Association）が、ＧＨＱの民間情報教育局と協議してセントラル映画社（Central Motion Picture

Exchange）を設立し、ここが一手に輸入を手がけます。

このセントラル映画社は、テレビの「日曜洋画劇場」の解説者として有名な淀川長《なが》治《はる》が、戦後の一時期在籍していた会社です。ほら、番組の最後に、あの「サヨナラ、サヨナラ、サヨナラ！」という、お決まりの挨拶をした人です。といって、これがわかる人も、もう四〇代以上の人でしょうか。

戦後、最初に上映された外国映画は、戦前に輸入されたものの敵国映画としてお蔵入りしていた、アメリカ映画の「ユーコンの叫び」（B・リーヴス・イーソン監督／一九三八年）や、イギリス映画の「ウエヤ殺人事件」（ロバート・スティーヴンソン監督／一九三八年）で、昭和二〇年一二月六日、有楽町の「日劇」で公開されています。

ちなみに、「日劇」の正式名称は「日本劇場」。昭和八年一二月に開館した日本初の高級映画館です。戦争でも奇跡的に焼けずに残りましたが、この劇場も、昭和五六年には閉館してしまいました。

昭和二一年二月には、戦後初めて輸入されたアメリカ映画「キュリー夫人」（マーヴィン・ルロイ監督／一九四三年）や、「春の序曲」（フランク・ボーゼージ監督／一九四三年）が公開されるのですが、日本映画の封切入場料金が三円だったのに、こちらは一〇円と、三倍以上の高額でした。

また、同年一二月には有楽町に、木造ではありますが、定員八九〇名の「スバル座」が開館します。翌年三月、「アメリカ交響楽」（アーヴィング・ラパー監督／一九四五年）がロードショー公開されましたが、なんと入場料は二五円。こんなに高額でも大人気で、上映は一〇週も続きました。

庶民が得られる外国の情報といえば、映画か雑誌だけの時代です。映画は、外国文化を庶民が知る数少ないチャンスでもあったのでしょう。

昭和二一年に輸入・公開された外国映画は三四本、すべてアメリカ映画でした。一方で、公開本数に制限があったヨーロッパ映画にも人気が集まりました。

昭和二二年には、ソビエト映画の「石の花」（アレクサンドル・プトゥシコ監督／一九四六年）やイギリス映画の「第七のヴェール」（コンプトン・ベネット監督／一九四五年）が封切られ、戦前に輸入されて人気だったフランス映画の「にんじん」（ジュリアン・デュヴィヴィエ監督／一九三二年）や「望郷」（同監督／一九三七年）も上映されました。翌二三年にはフランスから輸入された「美女と野獣」（ジャン・コクトー監督／一九四六年）が話題になりました。

昭和二四年には、イタリア映画「戦火のかなた」（ロベルト・ロッセリーニ監督／一九四六年）や、フランス映画「大いなる幻影」（ジャン・ルノワール監督／一九三七年）が、翌二五年にはイタリア映画「自転車泥棒」（ヴィットリオ・デ・シーカ監督／一九四八年）、「無防備都市」（ロベルト・ロッセリーニ監督／一九四五年）、イギリス映画「赤い靴」（マイケル・パウエル、エメリック・プレスバーガー共同監督／一九四八年）が公開されました。

ところで、アメリカ映画の配給を牛耳ったセントラル映画社は、サンフランシスコ講和条約が調印されて占領時代が終わるまで、映画界で強権をふるいました。

例えば、日本全国に興行網を持つ松竹と東宝の二大映画会社に対して、「設備の整った大型映画館はアメリカ映画に割り当てよ」とか、「一つの作品は三週間以上上映せよ」と要求しました。上映料金や配給会社の取り分にも、細かい注文をつけました。果ては二社に、「直営館のすべてを使ってアメリカ映画を上映せよ」という、とんでもない要求をしてきました。松竹と東宝は「それでは自社の映画を公開できない」と断ります。

そこでセントラル映画社は、戦時中に製作部門を失った日活が直営していた映画館や、映画会社の直営や系列ではない独立系の映画館に、アメリカ映画の上映を働きかけます。その際もセントラル映画社は強気です。歩率を五割とする（入場料の五割を支払う）、二六本や五二本（一年が約五二週なので、こういう数字です）のパッケージ単位でしか契約を結ばない（映画館側に作品を選ぶ権利はなく、半年か一年は続ける）、などの厳しい配給条件を突きつけてきました。

こんなに厳しい条件では、さぞ独立系の小さな映画館は、経営に苦労したことと思います。アメリカ映画の人気がいくら高くても、中には駄作もあるでしょうし、映画館のある地域の観客層にそぐわない作品もあるでしょう。仮にヒットしても、入場料の半分は持って行かれます。さらに、当時は高い入場税も国に納めなければなりませんでした（これは、日本映画も同じですが）。

それでもなお、アメリカ映画の上映には、お客さんをたくさん動員できるという大きな魅力がありました。

昭和二一年末までにセントラル映画社と契約を結んだ映画館は、全国で二七五館でしたが、翌年の五月には、七二八館でアメリカ映画が上映されるようになり、そのうちの二二〇館がハリウッド映画の専門館になりました。

最近まで全国に、館名に「セントラル」を付けた映画館がたくさんありました（シネコン時代になってずいぶん減りました）が、それはこうした時代の名残なのです。セントラル映画社と配給契約を結んでいなくても、「セントラル」という響きがハリウッド映画を思わせるので、イメージに便乗して勝手に名乗った映画館もあったようです。

昭和二五年、外国映画の輸入統制が解除されました。二六年一二月、セントラル映画社は解体され、メトロやパラマウントなど各社が、それぞれに配給会社を設立しました。ヨーロッパ映画を輸入する会社も三〇社近くに増えました。

こんな状況だったので、映画会社の直営ではなく、大きな興行会社が経営するのでもないうちのような独立系の映画館でも、洋画をかける希望が持てる時代が来たわけです。

経営者である父が、このチャンスを見逃すわけがありません。

吉祥寺の地元の人たちからは、特にヨーロッパ映画を上映してほしいという声があったと聞いています。

ハリウッド映画であれヨーロッパ映画であれ、配給してくれる会社を探すと同時に、ともかく洋画の専門館を作ろうと、父は準備に奔走したのでした。

「武蔵野映画劇場」開館

まずは、映画館を建てる用地の確保です。

「井の頭会館」は現在の公園通りの、東急百貨店の向かいくらいにあったので、次は駅前通り（現在のサンロード）への進出を狙いました。駅前通り一帯は月窓寺さんが地主ですが、その月窓寺さんが、「駅前通りの最も外れで、五日市街道に面した場所ならばいいだろう」という条件で土地を貸してくれることになりました。

当時、寺の北側（五日市街道側）は原生林のような状態だったので、月窓寺さんは、映画を観に行くために、みんながここらあたりまで歩くようになれば、周辺も開け、近隣の商店も潤うのではないか、と配慮してくれたのではないかと思います。この頃から関東バスが、中央線と西武線を結ぶ路線バスの運行を開始し、駅前通りは通称「バス通り」とも呼ばれるようになっていました。

次は、市への建築申請です。

武蔵野町は昭和二二（一九四七）年に市になりましたが、映画館といった大型娯楽施設を建てるのは、市政始まって以来のことでした。そのせいか、担当者と交渉を重ねても、「前例がない」と言って逡巡《しゅんじゅん》し、なかなか話が進みません。お役所仕事にありがちなことです。

業を煮やした父は策を講じました。「映画館がだめなら教会堂で申請しよう。それならすぐに許可されるはずだ」と、「ルーテル教会堂」として建築申請を出したのです。

こうして、教会堂建設に名を借り、当時としては木造では最大規模の映画館ができました。劇場の前には、駐車場にもなる広々とした広場を設けました。建物の正面には四本の太いルピリエ（柱＝劇場建築用の構造体）が建ち、上部の、スクリーンを思わせる壁面には、略称の「ＭＥＧ」の文字が配されました。

劇場建築に造詣《ぞうけい》が深い兄が、後日、この劇場について、「まったくの偶然ではあるが現存する映画館の中でも最良の音響空間で肉声がまことに自然に伝って来る音圧の悪影響のない残響約〇・九秒の残しておかなくてはならない劇場」だったと書いています（一六七ページ参照）。

ヨーロッパの教会の多くは音響を考えて作られていて、中でしばしばコンサートが開かれますが、そんな教会堂として建てようとしたからでしょうか、「武蔵野映画劇場」は音響的に優れた映画館となったのです。父が音響のことまで細かく意識していたとはとても思えず、「教会堂を建てます」と申請した方便がもたらした〝棚からぼた餅〟のような効果だったのでしょう。

申請した際の「ルーテル」という教会名は、後日、父が飲食業にも事業を拡大してバーを経営したとき、そのバーの名前として残りました。これは、父なりの〝懺悔《ざんげ》〟

だったのではないかと想像しています（バーといった遊興施設が懺悔になるかどうかについては、疑問が残りますが……）。

こうして「武蔵野映画劇場」は、昭和二六年三月、吉祥寺初の洋画専門映画館としてオープンしました。駅前通りの一番奥の外れだったので、最初は、近所に布団屋さんや楽器屋さんがあるくらいでした。

開館して五年目くらいだったでしょうか、通っていた中学校で「映画教室」という社会科学習が行なわれたとき、「武蔵野映画劇場」が会場になりました。当時、中学生が映画を観るというのは珍しく、また、友だちと並んで映画を鑑賞するというのもめったにないことだったので、同級生たちがちょっと興奮気味だったことを覚えています。が、私は、自分の親の経営する映画館なので、恥ずかしくてしかたがありませんでした。一部の同級生には、父の経営する映画館であることがばれてしまい、

「何だよ〜、お前ん家《ち》は、映画館か、いいな〜」

などとからかわれ、赤面したことはしっかりと覚えています。そのとき何が上映されていたのかは、すっかり忘れてしまいましたけど。

でも、その恥ずかしさは、そのときだけの少年の心理で、本当は私は、映画も映画館も大好きでした。

母との死別《わかれ》

当時、子供たちの間で流行《はや》った遊びに、草野球があります。「野球」と称していますが、実際は三角ベースです。本塁・一塁・三塁があるだけで、ピッチャーが投げるのはゴムボール。バッターも、バットがないときは、ボールを手のひらや腕で打つのです。グラブがない子は、素手でボールをキャッチします。ゴムボールさえあればできるので、あちこちにあった空き地が子供たちの〝野球場〟でした。

兄と二人で母に、「バットを買ってくれ」「グラブを買ってくれ」としつこくねだったことがありました。いつまでもしつこくねだったので、母が烈火の如く怒り出し、とうとう私たち兄弟を中庭に追い出して、家の鍵をかけてしまいました。日が暮れて、あたりは暗くなります。寒くなってきたので炭俵の中に入り、むっつり黙り込む兄と、しくしく泣き出す私。姉たちが、母の目を盗んで、そっと家に入れてくれました。

私にはこの兄・耕一のほかに、姉が二人います。兄が三歳上だったことは前にも書きましたが、その上の次女の和子は私より一一歳年長、長女の昭子とは一四歳も離れています。

姉たちはそれぞれ、後に国立《くにたち》音楽大学と桐朋《とうほう》学園大学になる、私立の学校に進学しました。家には、姉たちのためのピアノがありましたが、父も家にいるときに、器用にピアノを弾くことがありました。どこでどう覚えたのでしょう。活動弁士修業時代に練習したことがあったのかもしれません。

子供の頃の私は、よく姉たちのピアノの演奏会に駆り出されました。譜面めくりを担当させられたのですが、練習のときには「ほら、また間違えた！」などと何度も叱られました。演奏会の当日は、蝶ネクタイを付けた正装をさせられたので、「こんな姿を同級生に見られたら、きっとからかわれる」と、ヒヤヒヤしました。

私が九歳だった七月のある日、母が倒れました。猛暑の日でした。

風呂に入ったきりなかなか出てこないのを不審に思った姉たちが、風呂場に見に行くと、母が意識を失って倒れていたのです。口から泡を噴いていました。急いで部屋のほうに運んだのですが、脳溢血《のういっけつ》で、そのまま帰らぬ人となりました。

この緊急事態に、姉たちは父をあちこち探しますが、映画館にもどこにもおらず、途方に暮れたそうです。父は朝方になってやっと帰宅し、母の死を知りました。

まだ九歳の私を立ち会わせるのは不憫だと、葬儀の際には、叔母の一人が私を井の頭公園へと連れ出してくれました。井の頭池のまわりを、とぼとぼと歩き続けました。

おそらく私は、父を探す大騒ぎの中で、大人たちのひそひそ話を聞いていたのでしょうね。

「うちのお父さんには、女のお友だちがたくさんいるって誰かが言ってたけど、本当なのかなぁ?」

と、私。

「そうだねぇ……(困った質問だなぁ)」

と、叔母。

叔母が、言葉をつまらせているので、無邪気だった私は、

「何人くらい、いるんだろう?」

と質問したそうです。

すると叔母は、こう答えました。

「何人だろう? 二八人くらいは、いるんじゃないかね?」

どこから二八という数字が出てきたかはわかりません。ひと月のうち、家に戻るのが二~三日なので、そう答えたのではないかと、大人になって思い出し、苦笑しています。

九歳での母親との死別は、本当につらい思い出です。初めて死んだ身近な人間が、子供にとって最も大きい存在の母親だったのですから。どう理解すればいいのかわからず、途方に暮れました。

友だちの家に遊びに行くと、夕刻、そこのお母さんが、

「〇〇ちゃん、ほら、片付けて。夕ご飯の時間だよ」

と声をかけます。私はうなだれて家に帰りますが、わが家にはもう「夕ご飯だよ」

と声をかけてくれる母親がいません。目に涙があふれてくるのは、そんなときでした。それでも何とか乗り越えられたのは、年の離れた姉たちが、母親代わりになってくれたからだと思います。

姉たちは、夕刻の映画の割引時間帯には、交代でもぎりを手伝っていました。

ある日、姉たちが弟二人に、

「お寿司を食べに行こう！」

と言いました。

「行こう！　行こう！」

はしゃぐ私と兄。ところが姉たちは、吉祥寺の駅前でタクシーをつかまえて、なんと銀座の高級店まで直行したのです。

当時は「ずいぶん遠くまで行くんだな」くらいにしか考えませんでしたが、後に映画館で働くようになって、姉たちが銀座までのタクシー代と高級寿司店のお代を稼ぎ出した方法がわかりました。

業界には「御《お》まわし」という言葉があります。チケットを何度も使い回すことで、たらい回しから来た言葉のようです。本来は半券を切ってお客さんに渡すのですが、半券を切らず、客に渡しもせずに回収するわけです。そうすると、そのチケット代が浮きます。姉たちにとっては、あまり家庭をかえりみない父への、小さな抵抗、意趣返しだったのだろうと思います。

戦後、映画館の料金には高い入場税が課せられました。昭和二二（一九四七）年一二月から二五年二月の間は、その税率はなんと一五割でした。つまり、入場料が七五円なら、そのうちの四五円は税金だったわけです。ちなみに、その後は徐々に税率が下がり、平成元年の消費税導入とともに入場税は廃止されるのですが、戦後しばらくは、映画は一種の贅沢とみなされていたのですね。

この入場税の高い時期、「御まわし」をして脱税していた映画館も少なくなかったそうです。

売店を担当している叔母たちは、それぞれ嫁いだ先の名前で「瀧澤のおばちゃん」（父のすぐ下の妹で長女）や「福島のおばちゃん」（次女）と呼んでいました。二人とも吉祥寺に住んでいたので、よく叔母たちの家へも遊びに出かけました。年齢の近い従兄たちと騒いだりすることも、私のさみしさを紛らわせてくれました。

母が亡くなった昭和二八年は、日本映画にお化けヒットが生まれた年でもありました。

前年から始まった菊田一夫作のラジオ放送劇「君の名は」は、「放送時間には銭湯の女湯が空になる」という伝説が生まれたほどの人気番組でした。

この物語は、昭和二四年三月に封切られたアメリカ映画「哀愁」（マーヴィン・ルロイ監督／一九四〇年）の大ヒットにヒントを得ています。「哀愁」は、ロバート・テイラー演じる空軍将校とヴィヴィアン・リー演じる踊り子のすれ違い恋愛悲劇でしたが、その〝すれ違い〟をいただいたわけです。

このラジオ放送の人気にあやかろうと、「君の名は」はすぐに単行本化され、ベストセラーになりました。と同時に、松竹では映画化の話が進められました。主演は、氏家《うじいえ》真知子役の岸惠子と後宮《あとみや》春樹役の佐田啓二、監督は大庭《おおば》秀雄です。

岸さんは、あまり真知子役に乗り気ではなかったそうですが、昭和二八年九月一〇日に結ばれた「五社協定」(どういうものだったのかについては、のちほど説明します)もあって、ことわることができなかったそうです。俳優は自社作品にしか出演できなかったのです。

松竹では、映画化を前提に菊田一夫に、ラジオドラマの脚本をそのまま続けて三部作にするよう、また、主人公たちが北海道から九州まで、日本中を歩き回るような脚本にするよう、注文をつけたそうです。単発よりも三部作のほうが儲かるだろう、日本中移動すれば、それだけ映画のロケ地が増え、ひいてはいろいろな名所や旅館が出てくることになるので、そことタイアップもできるだろう、と計算したのでしょうね。

この映画の中で岸さんは、ショールを頭にかぶり、端を首に巻きました。このスタイルが「真知子巻き」と呼ばれて大流行します。これは、第二部の北海道・美幌《みほろ》峠のロケの際、たまたま雪が降ったことから生まれたのだそうです。

第一部が封切られたのは九月一五日。続いて、年末には第二部、翌二九年のゴールデンウィークには第三部も公開されました(ちなみに、「ゴールデンウィーク」という言葉は、もともとは、正月やお盆と同様、映画館にたくさん人を集めるための映画業界のセールス用語で、それが一般にも広まったのです）。

「井の頭会館」でも「君の名は」の三部作には、それまで見たことがないくらいに客が入りました。テケツ前に並ぶお客さんの長蛇の列が駅まで続く、といったありさまで、小学生の私も駆り出され、並んで待っている人に、サービス品のハンカチを配ったりしたものです。

父・本田實男

父は、映画館の経営のほかに、子供たちの学校のＰＴＡの役員なども積極的に引き受け、昭和二六年には、武蔵野市の市議会議員に立候補し、当選しました。姉たちや兄は、「選挙運動のときは本当に恥ずかしかった」と言っています。二九年六月には、市議会の副議長にもなりました。しかし、家族の反対もあり、翌春には議員を辞めたので、市議会議員だったのは一期だけです。

3

映画の世界に憧れて

——高度経済成長の中の青春

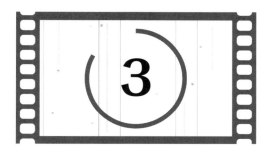

映画は顔パス

昭和三一（一九五六）年、私は、中学校に進学しました。

三歳年上の兄と同じ、公立の武蔵野市立第三中学に進学するものだと思っていたのですが、父は私に「法政中学を受験するように」と言いました。

「え、受験？　テストがあるの？」

「いや、大丈夫。名前が書ければいいから」

受験といっても、当時はまだ受験戦争の時代には入っておらず、一〇〇名の募集に一〇一名が応募する、といった状態でした。つまり入学試験も、名前さえしっかり書ければ合格する、といった〝広き門〟だったのです。

この法政大学の附属中学は、昭和一一年に設立されましたが、戦後、吉祥寺に移転し、三鷹市に転出する平成一九（二〇〇七）年まで吉祥寺にありました。

家から近く、通学に便利なことも、父が私に法政中学の受験を勧めた理由だと思いますが、一番大きかったのは、勉強嫌いな私がその後の進学に苦労しないように、という親心だったと思います。

この親心のおかげで、高校も大学もエスカレーター式で、苦労することなく進学できたことには感謝しています。不服があるとすれば男子校であったことですが、それはそれで、中学時代から今まで半世紀以上もつきあっている親友グループができ、古稀を超えた今でも仲間で旅行をするなど、私の人生を豊かにしてくれています。

昭和三〇年代に入ると、吉祥寺駅周辺は店舗も増え、商店街らしくなってきました。駅の北口から五日市街道に抜ける駅前通り商店街のほかにも、駅前通りと公園通り（駅前通りに平行する、駅の西側の通り）との間にはダイヤ街があり、アーケードも整備され始めます。線路と平行する、駅前の平和通りもにぎわい、レンガ街（今のパルコあたり）や吉祥寺名店会館（今、東急百貨店がある区域の一角）といった新たな施設もオープンしました。昭和三四年に開館した地上五階地下一階のビル、吉祥寺名店会館には、六〇軒ほどの有名店や老舗が進出してきました。

その頃、中央線と井の頭線を合わせて一日に約一九万人もの乗降客があった吉祥寺駅は、多くのバスが発着するターミナルともなって、周辺の田無《たなし》、保谷《ほうや》、府中、小金井といった、まだ商業施設に乏しかった地区からも人々を呼び寄せました。新宿が「副都心」と呼ばれたのに対し、吉祥寺の人々は「吉祥寺は副々都心」と呼んだりしました。

三多摩地区には団地が増え、武蔵野市の人口は一〇万人に達しました。それに従い、映画館も増えたのです。

昭和二六年の「武蔵野映画劇場」に次いで、二八年に「吉祥寺東映」、二九年には、阿佐ヶ谷《あさがや》・中野・新宿などにオデヲン座チェーンを持つ会社が「吉祥寺オデヲン座」

を開館します。この二館の開館には、父も相談に乗ったと聞いています。さらに、三一年には「吉祥寺スバル座」も開館するといった具合に、毎年のように映画館が増えて行きました。

家族の反対から市会議員は一期で辞めた父でしたが、今度は「三多摩興行組合」の組合長になり、映画館は雇った支配人に任せ、あちこちを飛び回っていました。

昭和三二（一九五七）年の『キネマ旬報』九月下旬号には、当時吉祥寺にあった九つの映画館が紹介されています。

〈吉祥寺駅北口側〉

- 井の頭松竹（「井の頭会館」のその時期の呼称）　本田實男　二八四席／木造一階　松竹封切館
- 吉祥寺大映　東日本興行　二八〇席／鉄筋一階　大映封切館
- 吉祥寺コニー劇場　東日本興行　二八〇席／木造一階　日活・新東宝封切館
- 武蔵野映画劇場　本田實男　四一六席／木造一階　洋画専門館

- 吉祥寺東映　東興映画　七〇〇席（こんなに席数があったかな？　私の記憶ではこの半分くらいだったけど）／鉄筋三階　東映封切館
- 吉祥寺東宝　東部興行　三四〇席／木造一階　東宝封切館
- 吉祥寺名画座　後藤虎蔵　二五〇席／木造一階　東宝・新東宝

〈吉祥寺駅南口側〉

- 吉祥寺オデヲン座　東亜興行　六〇三席／鉄筋一階　洋画専門館
- 吉祥寺スバル座　スバル興業　五〇〇席／木造一階　洋画名画座

とうとう吉祥寺でも、松竹、東宝、東映、大映、日活、新東宝という、戦後の日本の六大映画会社の作品が、封切で見られるようになったわけです。

とにかくこの頃は、映画が元気でした。

戦後すぐの、資材が不足し電力が不安定で（停電ばかりしていた）映画製作が困難だった時代を切り抜け、製作本数も増加の一途でした。ヒット作も続きます。

昭和二八年一月に公開された、沖縄で玉砕した女子学生部隊を描いた東映映画「ひめゆりの塔」（今井正監督）が、配給収入約一億八〇〇〇万円という、それまでの日本映画の記録を塗り替える大ヒットとなったのに続き、同年九月に公開された松竹映画「君の名は」第一部は配給収入二億五〇〇〇万円、年末に公開された第二部は三億円を超えて記録を塗り替えます。

労働組合の設立でもめた東宝争議の間、他社での映画製作を余儀なくされていた黒澤明監督は、大映で「羅生門《らしょうもん》」（昭和二五年）を作ったのですが、この作品は、昭和二六年のヴェネチア国際映画祭で日本映画初の金獅子賞を受賞し、映画界だけでなく、日本人に自信を取り戻させてくれました。

黒澤監督の東宝での映画製作再開第一作「生きる」（昭和二七年）は、作品への評価は高かったものの、興行成績はベストテンに入りませんでした。しかし、第二作の「七人の侍」（昭和二九年）では、配給収入二億七〇〇〇万円、観客数七〇〇〇万人という記録を打ち立てます。

東宝争議をきっかけに設立された新東宝は、昭和三二年、「明治天皇と日露大戦争」（渡辺邦男監督）でお化けヒットを飛ばします。専属俳優に迎えたばかりの嵐寛寿郎に映画で初めて明治天皇を演じさせたのは、新社長の大蔵貢《みつぎ》でした。
「寛寿郎クン、明治天皇をやってほしい」
「そらあきまへんな、〝不敬罪〟ですわ」
後年のインタビューで、アラカンさんは、こう振り返っています。

大蔵はん熱弁をふるうた、この作品に社運を賭ける、総天然色・大シネスコ、製作費二億円を投入する。「寛寿郎クン、大日本最初の天皇役者として、歴史に残りたいと思わんかねキミイ」。この方はもと活弁です、説得力がおます。製作費二億円はまあ、話半分と思うたらよろし。せやけど、当時はカラーも新東宝よう撮らなんだ。それがシネマ・スコープ、これに心が動きましたんや。

（『鞍馬天狗のおじさんは　聞書アラカン一代』竹中労《ろう》、白川書院）

この作品の観客動員数は二〇〇〇万人、配給収入は五億四〇〇〇万円で、この記録は半世紀近くも後の宮崎アニメ「千と千尋の神隠し」（平成一三年）まで打ち破られることがありませんでした。

ちなみに、シネマスコープというのは横長画面のことで、当時、「大シネスコ」（新東宝）、「ビスタビジョン」（大映）、「スコープ」（日活と東宝）、「グランド・スコープ」（松竹）などと、各社が競って大型画面映画を作っていました。

昭和三三年には、大映の「忠臣蔵」（渡辺邦男監督）と日活の「陽のあたる坂道」（田坂具隆《たさかともたか》監督）が、観客動員数が六〇〇〇万人を、配給収入が四億円を超える大ヒットとなりました。

日本全国の年間映画観客数は、戦後しばらく横ばい状態であったのが、昭和三〇年頃からどんどん増加し、昭和三二年にはついに一〇億人を突破、昭和三三年には一一億二〇〇〇万人となりました。これが今も破られない、日本における年間映画観客数の最高記録です。

さて、子供の頃、映画館で遊んでいた私は、映画館を楽しんではいても、さすがに作品がどうだこうだは、わかりませんでした。ただ、スターには心ひかれました。

「この女の人は、この世の人だろうか」

と、近寄りがたいくらい美しかったのが原節子でした。

ただし、原さん所属の松竹の映画は、文芸ものやメロドラマが多かったので、あまり少年向きではありませんでした。

東宝では「次郎長三国志」シリーズ（マキノ雅弘監督／昭和二七〜二九年）が大人気でした。私も大好きで、出演していたお園役の越路吹雪や、投げ節《ぶし》お仲役の久慈あさみが、わが心のマドンナでした。特に、森繁久彌の森の石松が恋い焦がれる、投げ節お仲が格好よくて、私も久慈あさみに恋い焦がれました。

「武蔵野映画劇場」が開館してからは、洋画も身近になりました。

世間で話題になった洋画は、昭和二七年公開の「風と共に去りぬ」（ヴィクター・フレミング監督／一九三九年）や、昭和二九年公開の「ローマの休日」（ウィリアム・ワイラー監督／一九五三年）でした。

「風と共に去りぬ」は、マーガレット・ミッチェルの原作小説の翻訳が、日本でもベストセラーになりました。アメリカで映画が公開されてから一三年の歳月を経て、やっと日本で公開された待望の映画でした。

「ローマの休日」も「日比谷映画劇場」でロードショー公開（封切前の先行特別公開）されたのですが、通常は期間が二週間ほどなのに、三八日間も続くという記録を出しました。主演のオードリー・ヘップバーンのショートヘアが大ブームになりました。

西部劇人気もうなぎ登りでした。

昭和二六年に公開された「赤い河」（ハワード・ホークス監督／一九四八年）のジョン・ウェインや、昭和二七年に公開された「真昼の決闘」（フレッド・ジンネマン監督／一九五二年）のゲイリー・クーパーも、少年時代の私の心を捉えました。

あと、印象に残っているのは、昭和二八年公開の「シェーン」（ジョージ・スティーヴンス監督／一九五三年）です。これを初めて観たのは、吉祥寺駅南口の「吉祥寺オデヲン座」だったように思います。シェーンを演じたアラン・ラッドに憧れました。

「吉祥寺オデヲン座」の東にあった「吉祥寺スバル座」の支配人は、西部劇のことを話し始めると止まらなくなるくらい詳しく、あの俳優が使った拳銃はこれで……などと、いろいろな西部劇の解説をしてくれました。昔の映画館の支配人やスタッフは、個性的な、映画への愛にあふれる人が多かったような気がします。

そのほか、西部劇ではジョン・フォード監督の作品が好きでしたね。この頃の「武蔵野映画劇場」は、西部劇を封切時ではなく、少し遅れて上映したのではないかと思います。

中学から高校時代は、吉祥寺のあちこちの映画館に出かけては映画を観ました。各館がお互いに招待券を交換していました。何度か通ううちに「武蔵野映画劇場の子」として認められ、顔パスで入ったこともありました。

吉祥寺初の貸しビルに

高校生になると、夏休みなどは、映画館でアルバイトをさせてもらいました。まずは、映画館の駐輪場に止められた自転車の見張り番です。

昭和三〇年代は、自転車は初任給の一・五倍くらいする高級品で、昭和三三（一九五八）年まで自転車荷車税が課せられていました。一方で、郊外にも住宅地が広がって、通勤や通学に自転車を利用する人も増えていました。そんな大切な自転車を、映画を観ている間に盗まれたり、いたずらされたりしては大変なので、お金を払ってでも駐輪場に自転車を預ける人がたくさんいたのです。

ボイラー室（空調室）の手伝いもしました。

夏休みなのに「なぜボイラー室？」と思われるかもしれません。

当時の「武蔵野映画劇場」は、夏、表の看板に大きな文字で「完全冷房」をかかげました。各家庭にまだエアコンが備わっていなかった時代、涼しく過ごせる映画館は、夏の避難場所でもあったのです。当時、ボイラー室では、コークス（石炭）を焚《た》くことにより熱源を得て、ヒートポンプ方式で夏は冷房、冬は暖房をしていました。前にも述べたように、力仕事の上に顔も真っ黒になる、つらい仕事でした。

時には「掛け持ち」のフィルム運びも手伝いました。

当時は、映画フィルムをプリントするのにお金がかなりかかったため、現像所で何本でもプリントできるようになるまでは――昔は、技術が追いついていなかったのです――各映画館に貸し出されるプリントの数が限られていました。そのため、ある作品をめぐり上映したい映画館が多くなると、プリントの「掛け持ち」が生じました。近隣の複数の映画館で、一作品で何巻もある缶入りのフィルムを、まるでリレーのバトンのように数巻ずつ回し合うのです。

当時、一巻が約二〇分だったので、四〇分ごとに、上映を終えた二つの巻を自転車の荷台にくくりつけ、次の映画館に運びます。掛け持ちを専門にする、競輪用のような速く走れそうな自転車で運ぶ、「掛け持ちさん」と呼ばれる専門の業者さえいました。

この「掛け持ち」に失敗すると、映画の途中で「フィルム未着につき、しばらくお待ちください」というアナウンスを流します。お客さんから「早くしろ！」と野次が飛んだり、場内がザワついたりすることもありましたが、タバコを吸い始めるお客さんもいて、みなさん慣れたものでした。そうしたことが中小の映画館では、決して珍しくありませんでした。

映画館の観客数が一一億人を超えた昭和三三年のあたりが、戦後の映画の全盛期と言われています。昭和三五年には、全国で映画館は七四五七館になります。

映画館も設備の更新に追われます。

昭和三三年頃から「シネスコ」などの大型画面ブームが起こったことは既に書きましたが、このブームに乗るには、それなりの映写設備が必要です。当初は三割くらいの映画館しか大型画面に対応できませんでしたが、昭和三五年頃には、ほとんどの映画館で、横に長い画面でも映写できるようになります。さらには、昭和三五年に封切られた「ベン・ハー」（ウィリアム・ワイラー監督／一九五九年）のような七〇ミリの大型画面の映画も、七一館で上映できるようになりました。

館内を冷房するのも競争でした。

「武蔵野映画劇場」では大きな看板で「完全冷房」を宣伝し、夏のお客さんを呼び込んでいたことは前に記しましたが、それが売りにできた期間はそう長くはありません。昭和三二年頃は、四〇％程度の映画館にしか冷房がなく、「冷房完備」は効果的な宣伝方法でしたが、昭和三七年には、八五％の映画館で冷暖房が完備されます。

こうした熾烈《しれつ》な競争の中、戦前から改築を重ねてきた「井の頭会館」（当時は「井の頭松竹」）も、いよいよ老朽化への対応を迫られます。

同じ時期、吉祥寺の街づくりについての議論も始まっていました。まず昭和二九年、市議会の中に、吉祥寺駅周辺をどうするか検討する特別委員会が設立されました。このときの「吉祥寺駅前広場計画案」は、翌三〇年三月に発表されます。次いで昭和三五年、武蔵野市は、国立市に移転する東京女子体育短期大学（旧・東京女子体操音楽学校）の跡地の借地権を三億円で買い取ります。そして、東京大学高山研究室による「吉祥寺駅周辺の改造計画案」が作成され、新たな街づくりが動き出します。

こうした流れに、大学跡地のすぐ近くにあった「井の頭会館」も応じたのです。出資者の役員と協議した上で、映画館は取り壊し、新たな商業施設に、吉祥寺で初めてのテナントビルに生まれ変わって、街に貢献しよう、ということになったのです。

昭和三六年に竣工した井の頭会館ビルには、長崎屋という大型衣料品店が入居します。吉祥寺に進出した大型店舗の先駆けだったと思います。

宣伝途中に一番風呂

昭和三七（一九六二）年、私は法政大学経営学部に進学しました。父の配慮のおかげの、エスカレーター式の入学で、学校の成績はマアマアでした。自慢することではありませんが。

経営学部は、入学する数年前に開設されたばかりの学部でした。次男だから、いずれはどこかの会社に就職するだろう、だったら経営学部が実益があっていいのではないか、とのんきに考え、進路についてはあまり深く悩みませんでした。

しかし入学式の日、私は「失敗した！」と思いました。なぜなら、私のクラスには女子が一人もいなかったのです。

今ほどではありませんが、世間では女子大学生も増えていた時代です。中学・高校と男子校だったので、小学校以来の女性の同級生が持てるのでは、というのが私のほのかな夢だったのです。

「学部の選択を間違えたかな」

そう思いましたが、経営学部にも女子学生はいました。ただし、私のF組にはいなかったのです。

「もしや、入試の成績が悪くて、このクラスなのだろうか」

そんな考えが頭をよぎりましたが、今さら、文句のつけようもありません。

「こんなに学生がたくさんいるんだから、紛れ込んでもわからないだろう」

授業が始まると、女子学生がいる高校時代の友人のクラスにもぐり込んで、授業を受けることもしばしばでした。

「君はなぜ、このクラスにいるのかね?」

と、教授に見つかったこともあります。「女子学生がいるので」などとは、口が裂けても言えません。

「なぜって、ここにいたいから、いるだけです」

わけのわからない言い訳をしましたが、当然、その教室からは追い出されました。

学業はさておき、大学に入ったら、車の免許をとろうと決めていました。

兄のように、メカニックなもの、機械が好きというわけではありません。ただなんとなく、映画の世界で見る、自家用車を乗り回す世界に憧れただけです。車を買う予定がなくても、免許をとるのが同級生の間で流行っていました。

父には「これからは日本も車社会になるよ」といった理屈を言い、免許取得に必要なお金を援助してもらいました。

二〇歳で免許を取ると、父が会社名義で自動車を買ってくれました。ただし、私のためではなく、映画館のためでした。営業用の軽自動車です。

大学生になると、映画館のアルバイトの仕事も変わりました。宣伝活動のお手伝いが加わったのです。

免許を持っていなかったときは、自転車で吉祥寺の街の食堂や喫茶店を訪ね回り、「武蔵野映画劇場」の上映映画名と上映時間を記載したチラシを置いてもらいました。いつもチラシを置いてくれる旧来の知り合いの店に加え、新たに喫茶店がオープンすれば、ご挨拶にうかがい、チラシを置いてくれるよう交渉します。お礼には映画館の招待券を置いて行きます。

初めてお願いにあがっても、たいていは快くチラシを置いてくれるのですが、たまに「じゃまになる」とか、「そういうお客は来ない」とか言われて、断られることもあります。私は、生来の性格か、小さい頃から大人に囲まれて育ったせいか、断られてもさほどこたえません。心の中では「何だよ!」と不満に思うのですが、すぐに「そんな人もいるのだなぁ」と、笑って受け流すタイプです。

兄も、大学を卒業して映画館で働いていましたが、私とは性格が反対で、主に館内の施設や映写機のことを担当し、研究していました。このような外回りの宣伝活動は、もっぱら私の役目でした。

近隣の飲食店のみならず、銭湯も大事な営業先でした。会社名義で軽自動車を買ってくれたのは、この銭湯めぐりを効率よく広範囲にするためだったようです。

銭湯にはスペースに余裕があるので、たいていはポスターを貼ってもらえます。そのポスターの下に、切り取って使う割引券をつけ、銭湯のお客さんが持って帰れるようにしたこともあります。

月に一度くらいのペースで銭湯めぐりをするのですが、自動車とはいえクーラーがなく、夏場は汗だくになりました。そんな姿で営業に行くと、「風呂で汗を流して行きなさいよ」と声をかけてくれることもありました。そんなときは遠慮なく、一番風呂をいただきました。

街の電柱や映画広告が出せる案内板などに、チラシやポスターを貼って回るのも仕事でした。今では、電柱に宣伝物を貼ることなどできませんが、当時はのどかなものでした。

ロードショー（特別先行上映）館ならいざ知らず、「武蔵野映画劇場」程度では大きな新聞広告も出せません。小さな街の映画館が街の人に上映作品を知らせる手立ては、こうした宣伝活動が中心でした。まだタウン誌もない時代でした。

テレビ時代が始まって

昭和二八（一九五三）年、テレビ放送が始まりました。当初、放送局はＮＨＫと日本テレビの二つしかなく、そもそもテレビ受像機自体の価格が高くて、一般の家庭にはなかなか普及しませんでした。それで、まずはもっぱら都心の盛り場や駅、公園などに街頭テレビが置かれ、プロレスやプロボクシングなどが中継されました。相撲界からプロレスに転向した力道山《りきどうざん》などが、この街頭テレビからスターになって行きます。それとともに、次第に視聴者を増やして行きました。

一歩早くテレビの時代を迎えつつあったアメリカでは、テレビを脅威に感じた映画人たちにより、映画のあるべき方向が探られました。テレビでは味わえない映画を作ろうということから、画面の大型化が進んだりしたのも、そうした模索の一環です。それで、スペクタクル映画が増えたのです。「ベン・ハー」や「アラモ」（ジョン・ウェイン監督／一九六〇年）は、七〇ミリフィルムで撮影され、横長のワイド・スクリーンで上映されて、アメリカでも大ヒットしました。

日本の映画業界も危機を感じていました。一時、映画会社に所属する俳優がテレビに出演する場合は許可制とする、などの制限を設けたのも、その危機感の表われの一例です。その制限があったために、テレビドラマに映画スターはなかなか使えませんでした。それが理由だったかどうかはわかりませんが、コンテンツが不足していた放送局では、アメリカのテレビ映画を輸入して放映するようになります。

こうしてアメリカのテレビ映画が人気を博しただけでなく、皇太子のご成婚（昭和三四年）や東京オリンピック（昭和三九年）の開催など、テレビ普及への追い風がどんどん吹き、昭和三七年三月には、テレビの受信契約台数がとうとう一〇〇〇万台を突破しました。

映画館、中でも「身近な娯楽」を提供していた街の小さな映画館は、確実にその影響を受け始めました。

興行主たちの間では、

「特に、夜の割引時間の観客の入りが減った」

「今まで、日曜日に雨が降ると二割方観客が増えていたのに、逆に一割ほど減るようになった」

といった声がささやかれ始めました。

映画会社の中では特に、女性向けのメロドラマやホームドラマに強かった松竹が、苦戦するようになりました。昭和三四年封切りの「人間の條件」第三・四部（小林正《まさ》樹《き》監督）は、その年度の配給収入の第七位（二億三〇〇〇万円）に入りましたが、その後は、昭和三九年の「香華《こうげ》」（木下恵介監督）の第七位まで、年度別配給収入のベストテン入りを果たせていません。

昭和三〇年代後半の映画の配給収入ベストスリーを並べてみましょう（『キネマ旬報ベスト・テン90回全史』より）

〈昭和三五年＝一九六〇年〉

一位「天下を取る」（日活／牛原陽一監督／石原裕次郎主演）

二位「波濤を越える渡り鳥」（日活／齋藤武市《ぶいち》監督／小林旭《あきら》主演）

三位「闘牛に賭ける男」（日活／舛田利雄監督／石原裕次郎主演）

〈昭和三六年＝一九六一年〉

一位「椿三十郎」（東宝／黒澤明監督／三船敏郎主演）

二位「赤穂浪士」（東映／松田定次《さだつぐ》監督／片岡千恵蔵主演）

三位「あいつと私」（日活／中平康《なかひらこう》監督／石原裕次郎主演）

〈昭和三七年＝一九六二年〉
一位「天国と地獄」（東宝／黒澤明監督／三船敏郎主演）
二位「花と竜」（日活／舛田利雄監督／石原裕次郎主演）
三位「勢揃い東海道」（東映／松田定次監督／片岡千恵蔵主演）
〈昭和三八年＝一九六三年〉
一位「にっぽん昆虫記」（日活／今村昌平監督／左幸子《ひだりさちこ》主演）
二位「光る海」（日活／中平康監督／吉永小百合主演）
三位「赤いハンカチ」（日活／舛田利雄監督／石原裕次郎主演）
〈昭和三九年＝一九六四年〉
一位「東京オリンピック」（東宝／市川崑監督／ドキュメンタリー）
二位「愛と死をみつめて」（日活／齋藤武市監督／吉永小百合主演）
三位「鮫」（東映／田坂具隆監督／中村錦之助主演）

戦後入社した鈴木清順《せいじゅん》、今村昌平、中平康といった監督たちがごっそり日活に引き抜かれたことも、松竹が低調になった理由なのかもしれません。

松竹の二大巨匠の一人だった小津安二郎監督は、昭和三八年に鬼籍に入り、もう一人の巨匠木下惠介監督も、「香華」の次回作で会社と意見が合わず、松竹を去ってしまいます。その結果設立された木下プロは、活躍の場をテレビへと移すのです。

巨匠は不在、中堅監督も他社へ移ったことで、大島渚、吉田喜重《きじゅう》、篠田正浩といった若い監督たちに活躍のチャンスが訪れました。「松竹大船調」と呼ばれたドラマ作りを否定した彼らは、「日本のヌーベルバーグ」と呼ばれるような作品を生み、日本映画史にその名前を残しましたが、興行的に会社を救う力にはなりませんでした。

とうとう昭和三八年、日本映画の大手五社は、旧作の放映権をテレビに売却し始めました。さらに昭和三九年には、テレビ映画も積極的に製作するようになります。

昭和三五年に閉館したとき、「井の頭会館」は松竹の封切館でした。

戦後、大手を中心に映画が年間五〇〇本も製作されていた時期から、映画会社は、直営の映画館を増やすと同時に、自社の映画を上映するよう各地の映画館を系列化しました。館主が映画を選択する自由は、ほぼなかったのです。

このような業界事情を私が意識するようになるのは、大学を卒業してからでした。既に「武蔵野映画劇場」で働いていた兄は、おそらく「『イノカン』を閉館したのは正しい選択だった」と考えていたと思います。

私はのんきな大学生で、「武蔵野映画劇場」でアルバイトをしたり、「石原裕次郎はかっこいいなぁ」と日活映画を観に通ったり、外国映画の中のライフスタイルに憧れたりしていました。

憧れの一つがマリンスポーツでした。

昭和三五（一九六〇）年公開の「太陽がいっぱい」（ルネ・クレマン監督／一九六〇年）で描かれたヨットなどは、遠い外国の夢のような世界に思えました。

ある日、知人から、

「『狂った果実』（中平康監督／昭和三一年）に出てくるセーリングは、三浦半島の葉山だよ。葉山に行けば、ヨットに乗れるよ」

という話を聞きました。ものは試しに葉山まで出かけてみると、ヨット教室なるものがあることがわかり、それからは足繁く葉山に通うようになりました。

その帰り道、大学時代からの女性の友だち、和田路子《みちこ》さんが横浜の鶴見にいたので、よく立ち寄っておしゃべりをしました。「川路《かわじ》」という料亭を営む家の一人娘で、今でも時折、この店に立ち寄ります。気持ちが安らぎ開放的になる人とお店で、和田さんは私の本当の友です。感謝しています。

また、昭和四〇年代には、「海の中へ」とダイビング・スクールにも入り、ダイビングの教育機関であるＰＡＤＩ《パディ》から免許をもらったりもしました。

乗馬も憧れの一つでしたが、まさか自分が本当に馬に乗るなんて、考えてもいませんでした。

西部劇でも、日本の時代劇でも、俳優たちが馬を実に巧みに乗りこなすことには感心しきりでした。かのジョン・フォード監督は馬を大切にする人だったと聞いて、感銘を受けたりもしました。

日本の時代劇の馬といえば、昭和三三年に封切られた「隠し砦の三悪人」（黒澤明監督）が印象的です。主演の三船敏郎が馬に乗ったまま刀を振り下ろすのを見たときには、「へえええええ！」と口をあんぐりするほど驚きました。なかなかできることではないのです。

三船敏郎は、戦後すぐの昭和二一年、東宝の第一回ニューフェース募集で俳優になりました。熊本県の航空基地で終戦を迎え、その後失業中だった三船敏郎は、父親が大連で写真館を経営していたことからカメラに多少の知識があり、東宝撮影所にいる友人に「カメラマン助手の仕事はないか」と頼んでいたのだそうです。ところが、履歴書が偶然、ニューフェース募集の係のほうに回った。自分の望んだことではなかったからか、面接ではぶっきらぼうな態度で、一度は落とされそうになったのですが、山本嘉次郎《かじろう》監督や黒澤明監督の強い推薦があり、俳優への道を歩み出すことになったのだそうです。その後の活躍を見れば、山本・黒澤両監督の見る目は確かだったということです。

馬の話でした。

乗馬学校なるものがあることも、友人から聞かされて知りました。その友人としばらく通っていましたが、ある日、見事に落馬しました。幸運にも、どこにも怪我はなく、馬が逃げ去っただけだったのですが、以来、落馬が頭から離れず、やめてしまいました。

昭和三九年の秋、東京で初めてオリンピックが開催されました。日本全国をつないできた聖火ランナーが、三鷹市の次に武蔵野市に聖火を渡したのが一〇月八日でした。

一〇月一〇日の開会式の様子は、テレビで生中継されました。

東京オリンピックは記録映画にもなっています。最初、監督を打診されたのは黒澤明でしたが、黒澤監督は断りました。次いで今井正、今村昌平、大島渚などが打診されましたが、みんな首を横に振り、結局引き受けたのは市川崑監督でした。

芸術的に仕上がった「東京オリンピック」は、当時の担当大臣などから記録性に乏しいなどと非難されましたが、昭和四〇年三月に公開されると、配給収入一二億超えの大ヒットとなりました。

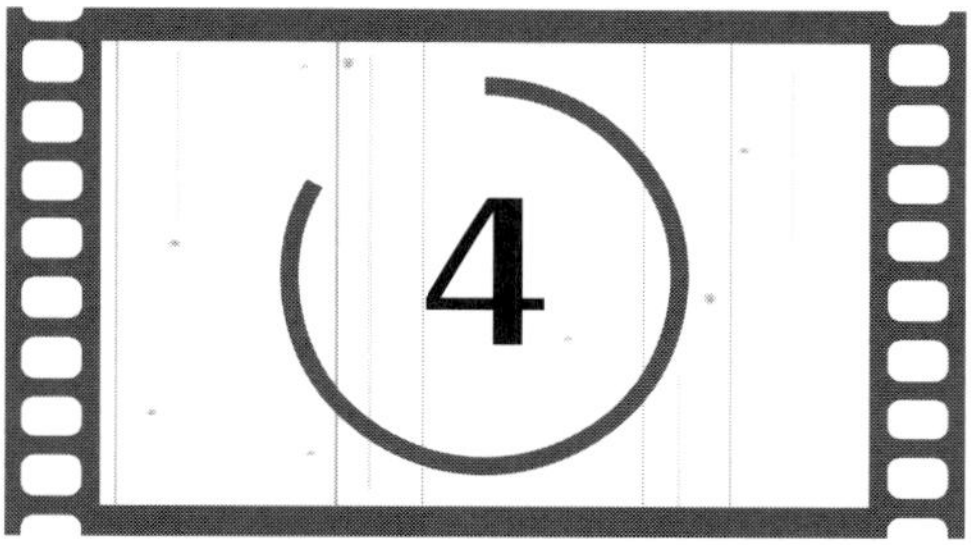

映画館屋《かつどうや》稼業、始まる

——映画業界の夢と現実

「お前は映写技師になれ」

昭和四一（一九六六）年、私は無事、法政大学経営学部を卒業しました。

その頃、日本は、高度経済成長のど真ん中でした。

松竹では、「ヌーベルバーグの旗手」として大島渚監督、吉田喜重監督らが活躍していましたが、むしろ世相は、東宝の一連のサラリーマン映画が描き出していたのかもしれません。森繁久彌、小林桂樹《けいじゅ》、加東大介、三木のり平らが出演した「社長シリーズ」（松林宗恵《しゅうえ》他監督／昭和三一〜四五年）や、クレイジーキャッツの植木等の「無責任シリーズ」（古澤憲吾監督／昭和三七年）、「日本一シリーズ」（古澤憲吾《ふるさわけんご》他監督／昭和三八〜四六年）などが絶好調でした。

植木等が「サラリーマンは気楽な稼業」と歌い、都会にはサラリーマンがあふれ出していました。私は「気楽な稼業」とまで甘く見てはいませんでしたが、次男でもあり、父の経営する映画館も、「井の頭会館」は閉館して「武蔵野映画劇場」一つになっていたので、同級生たちと同じようにどこかの会社に就職し、ごく普通のサラリーマンになるつもりでした。

ところが父は、「映画館で兄を手伝え」と言うのです。兄が将来の跡継ぎとして映画館で修業中（映画館の責任者の支配人は、別にいましたが）なのは当然ですが、「なぜ私まで？」と、正直とまどいました。

「え？　兄ちゃんがいるだろ。僕は何をするの？」

そのときの父の答えは、

「そうだなあ、映写技師かなぁ」

でした。

「映写技師」と言われてまっさきに思い出したのは、子供の頃に覗いた「井の頭会館」の映写室の、上半身裸で懸命に働く技師たちの姿です。

昔の映写技師は、専門の勉強をし、試験を受けて合格しないとなれない職業でした。というのも、かつてのフィルムは、火薬の原料でもあるニトロセルロースを素材にしていたので、非常に発火しやすく、取り扱いには厳重注意を要したのです。その後、素材がアセテートという化学繊維に変わったので、セルロースよりは燃えにくくなりましたが、それでもまだ可燃性があり、ニトロセルロースの「速燃フィルム」に対して「遅燃フィルム」と呼ばれました。

そんな繊細な仕事を、機械好きでも、手先が器用でもない私が、いったいできるものだろうか……。

そういえば、フィルムが映写室じゅうに、のたうちまわるように解きほぐされ、とぐろを巻いてあふれ返っているのを見たこともありました。

「掛け持ち」のフィルム運びを手伝ったとき、運ばれてきたプリントは、缶を開けたら水平に持ってはいけない、と遠藤技師から教わりました。水平に持っていると、フィルムの巻きがゆるいとすぐにほぐれ、プリントしたフィルム自体の重量もあって、あれよあれよという間に映写室の床がフィルムで埋まってしまい、収拾がつかなくなるのです。

映画のフィルムを「プリント」と呼ぶのは、完成した映像や音が記録されているネガフィルムの原版から、上映用のポジフィルムをプリント（複写）するからです。新作映画は、原則として封切館の数だけプリントされます。約二時間の映画なら、フィルムの長さは約三二〇〇メートルくらいでしょうか。それらは、六〜七巻に分けられ、包装されて、それぞれ平たい缶に入れられて運ばれてきます。その新しいプリントの包装の封を切るので「封切館」なのです。

その六〜七個の缶からプリントを取り出すのも、もちろん映写技師の役割です。巻きが崩れないように慎重に取り出したプリントは、映写機にかけるリールに巻き直します。映写機は二台あって、一台のリールは作品の前半のプリント、もう一台のリールは後半のプリントです。そうなるようにリールに巻くには、六〜七巻に分けられているプリントを、二巻にまとめなくてはなりません。つまり、専門のテープで、プリントを順番につながなければならないわけです。

封切の新しいプリントなら傷があることはないですが、一度使用されたことのあるプリントの場合は、リールに巻き付ける前に、傷のチェックもしなくてはなりません。

どう考えても私に向いている仕事だとは思えない……。

私が珍しく暗い顔をしていたのでしょう、叔母たちが、

「タクオ、『映写技師になれ』というのは、サネオ兄さんの冗談だよ」

と、なぐさめてくれました。

結局、当時の支配人が用意してくれた私の名刺には、「企画・営業担当」と書いてありました。

このときの「映写技師になれ」という父の言葉は、冗談だったのかもしれないけど、一方では「映写室というのは映画館の心臓だぞ」と言いたかったのかもしれないなあと、あとになって考えることがあります。「ダダダダ」という映写機の音は、映画館の心音でした。デジタル上映が主流の今となっては、その心音を聞く機会も少なくなりました。

さて、「企画・営業担当」とは何をすれば？　ときょとんとしている私に、支配人は、

「まずは、配給会社に行ってみたらどうでしょう」

と言い、当時、「武蔵野映画劇場」を担当していた松竹の配給の担当者の名刺を渡してくれました。

「映画の仕事」とひとことで言っても、そこには大きく分けて三つの仕事があります。映画をつくる「製作」、映画を流通させる「配給」、映画を上映して入場料を集める「興行」です。それは、一般の商品に「生産」「卸」「小売」があるのと同じです。

日本映画の場合、当時、製作に携わっていた大手は、松竹、東宝、大映、東映、日活の五社でした（新東宝は早くに消滅しました）。それらの会社は製作だけでなく、配給もし、直営館という映画館も持っていて、興行も行ないます。

「井の頭会館」や「武蔵野映画劇場」のような興行だけを行なう映画館は、「独立興行者」などと呼ばれました。それには、複数の映画館を経営する大手もあれば、単館

しか持たない個人営業に近いものまでさまざまです。

「井の頭会館」は、戦後しばらくは東宝の封切館（松竹の作品をかけることもありました が）、その後は松竹の封切館として営業しました。小規模の映画館にとって、封切館になることはステイタスでした。安定してフィルムが提供されるし、かける作品も、封切前に大々的に銀座や有楽町などの都心で先行ロードショー公開されて話題になり、新聞などに記事や広告が掲載されて、宣伝にもなります。

では、洋画の専門館だった「武蔵野映画劇場」は、どうやって映画を調達していたのでしょうか。

私が勤め始めた昭和四〇年代には、洋画を輸入配給していた会社は、ハリウッドの大手映画会社の系列会社を合わせて二〇社近くありましたが、「武蔵野映画劇場」では、ほとんどの映画を、昔からおつきあいのある松竹の配給部門から調達していたのです（スタート時はヨーロッパ映画をかけていたようなのですが、それらがどんな会社から配給されていたのか、また、いつから松竹に配給を頼るようになったのか等については、記録が残っておらず、よくわかりません）。

当時「武蔵野映画劇場」には、支配人や映写技師らのほかに、売店を別会社として経営する叔母たちや、数名のパートタイムの従業員がいたように思います。兄は支配人の補佐でした。では、配給会社との交渉は誰が？

当初、それは父が担当していたようなのですが、父もあれこれと事業を広げて忙しく、交渉係として私を当てにしたのだということが、後々わかってきました。

ともあれ私は、とても「気楽な稼業」とは言えなそうな映画館の仕事に就くことになったのです。

配給会社に日参する

「武蔵野映画劇場　企画・営業担当」

そう言われても、上司がいるわけでも、社員研修があるわけでもありません。

うながされるままに、松竹映配という会社を訪ねました。

もらった名刺の担当者を探しますが、なかなか見つかりません。どうやら外回りの営業に出ているようです。近くに座っていた男の人が、こう言いました。

「坊や、どこの人？　え、吉祥寺？　武蔵野映画劇場？　知らないなぁ。明日、また来るといいよ」

仕方なく、次の日も訪ねてみましたが、担当者には会えません。

「まあ、毎日とは言わないけれど、週に五日も来れば、きっと会えるよ」

と、そんな具合です。

「吉祥寺で最初の映画館」の流れを汲む映画館だ、などと自慢に思っていたわけではありませんが、ここまでひどい扱いを受けるとは夢にも思っていませんでした。世間知らずと言われれば、それまでですが。

やむなく、毎日、顔を出すことにしました。

とぼとぼと、銀座あたりも歩きました。

銀座一丁目には、昭和三〇（一九五五）年に開館した「テアトル東京」がありました。シネラマ用の、半円形に湾曲したスクリーンを持つ、一〇〇〇人近くを収容できる大きな映画館です。そのときは「バルジ大作戦」（ケン・アナキン監督／一九六五年）

という、第二次世界大戦中の米独の戦車部隊の激突を描いた映画が上映されていました。これは、その年（昭和四一年）のお正月映画だった「007／サンダーボール作戦」（テレンス・ヤング監督／一九六五年／配給収入一〇億二〇〇〇万円）、「メリー・ポピンズ」（ロバート・スティーヴンソン監督他／一九六四年／同四億三〇〇〇万円）に次ぐ、配給収入三億九〇〇〇万円のヒット映画です。

銀座のデパートの周りには、前年から流行のミニスカートの女性たちが闊歩していました。

外国映画の輸入が自由化されたのは昭和三九年です。

昭和三五年に外国映画を専門にする東和映画を傘下に入れた東宝グループが、外国映画の輸入ではトップを走っていたのに対し、それまで外国映画の配給にあまり力を入れてこなかった松竹が、自由化を前にしてテコ入れを図り、昭和三七年に映配株式会社を合併して「松竹映配」という会社を発足させました。それが、私が日参していた会社だったのです。

さて、その松竹映配の担当者にやっと会え、口をきいてくれたと思ったら、ひとこ

と、

「吉祥寺かぁ……」

地元では「副々都心」などと呼んでいても、映画館の業界では、吉祥寺は〝その他大勢〟の扱いでした。地域のランクでは、有楽町や銀座はA級、新宿・渋谷・池袋といった盛り場はB級、吉祥寺はC級以下の扱いです。

映画館の格差も歴然としていて、新作を一立てで特別先行上映できるロードショー館は、宣伝でも何かと優遇されます。その下の封切館は、ロードショー公開の終わった作品を二本立てでかけることができ、映画会社も多少は宣伝してくれます。しかし、封切館になれない（あるいは、ならない）映画館は、作品を仕入れるのも、宣伝をするのも、大変でした。

閉館した「イノカン」は、戦後しばらくは東宝系の、その後は松竹系の邦画封切館でしたが、洋画をかける「武蔵野映画劇場」は、しばらく独立系として営業を続けたあと、私が仕事を始めた頃に松竹系の封切館になったようです（このことは後述します）。

とにもかくにも、私はこうした状況下で仕事を始めたというわけで、現実は厳しかったのです。

都心の映画館はどうだったかわかりませんが、当時、郊外や地方の映画館には、地域（ブロック）ごとに配給会社の営業担当がいて、実態はほとんど、そのそれぞれの担当者の個人商店のような状態でした。しかも、圧倒的に彼らのほうが強い。上映作品や上映日程などについて、こちらの要望が受け入れられることもあるのですが、その場合でも、あまりパッとしない別の作品をセットで上映する、といった条件がついてきます。

今では信じられませんが、契約書も実にいい加減で、フィルムの使用料も、個人のさじ加減でいかようにもなるといった具合でした。

私が、あっちへ行っては汗をかき、こっちへ行っては汗をかくような毎日なのに、売り上げの六割は配給会社が持って行きます。大作の場合は、七割持って行かれることもありました。

宣伝費にしても、ロードショー館の分は配給会社が負担しますが、封切館以下は、ポスター一枚、配給会社から買わなくてはなりません。なんと古い社会に紛れ込んでしまったのか、といった気持ちでした。

武蔵野市の人口は、昭和三九（一九六四）年から一三万人を突破します。吉祥寺駅の乗降客も、昭和四三年には中央線が一八万人、井の頭線が八万四〇〇〇人を数えました。中央線では昭和四四年、複々線化、高架化の工事を終え、高架下には「ロンロン」というショッピングモールもできました。吉祥寺駅周辺の商店・飲食店も約二〇〇〇軒にまで増え、バスも、関東、小田急、西武、京王の四社合わせて約二〇〇〇本の運行となりました。

ただ、道路が狭いなど未整備な案件が山積みだったので、これでは時代に乗り遅れると、遅々として進まなかった再開発が、ようやく動き始めます。

まず始めたのは、街路の拡張でした。

新しくなった吉祥寺駅の北口に駅前広場を設け、駅前通りより一本東の細い道路を幅二二メートルに、線路と平行に走る駅前の平和通りも、一六メートルに広げることにしました。さらに、都道だった公園通りは、東京都が一六メートルに拡幅すると決めました。

また、市が既に取得していた大学跡地についても、やっと使い道が決まります。ここにビルを建て、デパートを誘致することになったのです。

私はといえば、始めたばかりの頃よりは企画・営業の仕事に慣れてはきましたが、配給会社と弱小単独映画館との関係は、自分一人の力ではどうすることもできません。ほとんど地区の営業担当者の言うがままだったのです。

なお、少し前で触れたように、私が仕事を始めた頃、「武蔵野映画劇場」は、STチェーンと呼ばれる松竹系の洋画二本立ての封切館になりました。松竹からは「紅《べに》系」と呼ばれる配給を受けました（同じ松竹系でも、配給を受ける作品は館によって違っていたようです）。また、新宿の「武蔵野館」と区別する意味もあり、館名も「吉祥寺ムサシノ映画」に変えました。

ところで、少し時代が戻りますが、私がまだ学生時代、「武蔵野映画劇場」に一本の電話がかかってきました。

「そちらの映画館は独立系のフリーの映画館ですか？　かけてほしい映画があるんで

すが、検討してみませんか？」

電話の主は、後年、都知事になる石原慎太郎でした。その映画というのが、独立したばかりの石原裕次郎と三船敏郎がタッグを組んで作った「黒部の太陽」（熊井啓《けい》監督）だったのです。

支配人をはじめスタッフは、もちろん大歓迎でした。私も、大ファンである石原裕次郎と三船敏郎の映画が自館にかけられる日を、心待ちにしました。

なぜ私たちのような弱小映画館に「黒部の太陽」の上映が持ちかけられたのかについては、いくらか背景説明が必要でしょう。製作経緯がからんでいるのです。

「君の名は」で主演の岸惠子が、五社協定の縛りもあって、出演を断れなかった、と前に書きましたが、この五社協定は、その後、日活も加わって、実質的には六社協定になっていました（六社だったのは三年ほどで、新東宝が経営破綻して五社に戻ります。言葉としては「五社協定」で定着しています）。各社とも、監督・俳優らの引き抜きをしない、監督・俳優らの他社作品への貸し出しもしない、という取り決めです。監督・俳優らは、自社作品に縛られていたわけです。

俳優としてのフリーハンドを望んだ裕次郎は、昭和三七年に日活から独立、石原プロモーションを設立し、「太平洋ひとりぼっち」（市川崑監督／昭和三八年）を製作、主演します。昭和三七年八月の堀江謙一のヨットによる太平洋単独横断には、多少はヨットの経験もある私も拍手喝采しましたが、その堀江謙一を大ファンの石原裕次郎が演じたのでした。

そして、独立第二作として昭和三九年に製作の発表がなされたのが「黒部の太陽」でした。やはり五社協定のしがらみを嫌ったのか、三船敏郎がちょうどこの年に東宝から独立、二大スターがこの映画でタッグを組むことになりました。原作は、毎日新聞の連載小説（木本正次《しょうじ》著）です。

ただ、製作発表はなされたのですが、前途には大きな問題が横たわっていました。一つは製作に莫大な費用がかかること、もう一つは、それぞれの旧所属会社、日活と東宝が配給をしぶったことです。五社協定に背く行動への反感が、その底流にあったのではないかと思います。

配給されなければ、映画館に作品をかけることができません。そのため裕次郎・三船側は、独力で上映館を確保しようと動きました。慎太郎の電話は、その手助けだったというわけです。

「武蔵野映画劇場」としては残念なことに、結局、日活・東宝ともに配給に協力するということで話がつき、昭和四三年二月に東宝がロードショー公開し、三月には日活系の映画館で封切られました。我が映画館で封切らせてもらうという夢は、結局、かなわなかったわけです（ただし、その後、石原プロが作った「栄光への5000キロ」〔蔵原惟繕《くらはらこれよし》監督、一九六九年〕は、「吉祥寺ムサシノ映画」でも大きな看板を出して宣伝し、上映することができました。映画館主らを招いた試写会では、裕次郎さんと握手もしました）。

今、そんな五社協定の話をしても、若い人にはピンとこないでしょうね。あれほど映画製作を牛耳っていた大手五社が、いまやほとんど自力で映画を作ろうとせず、製作は独立系プロダクション任せ。俳優も、監督らスタッフも、テレビ、映画、舞台を自由に行き来しているのですから。時代がすっかり変わりました。

映画界が斜陽化するのと並行して、映画館入場者数も減って行きました。昭和四六年には大映が倒産します。業績が伸びない日活も同年一一月から、ロマンポルノという、お色気を前面に出す低予算シリーズをスタートさせました。これによって若手監督に野心的な作品を手がけるチャンスが増え、人気の作品が生まれ、逸材が育ったのは、〝良き想定外〟ではありましたが。

この入場者減をどうにかしようと、多くの映画館が土曜日にオールナイト上映を行ないました。電車の始発時間まで上映することで真夜中のお客さんを確保しようとしたわけですが、当然、映画館の人間も深夜労働をしなければなりません。私はこの時間を利用して、よくハジメ伯父と将棋を指しました。父や母にまつわる昔話は、こうした席で聞いたのです。

当時、洋画のほうでもポルノブームが起こりました。

昭和四六年、「私は好奇心の強い女」（ヴィルゴット・シェーマン監督／一九六七年）というスウェーデン映画がノーカットで公開され、話題になりました。この映画は東宝系の東和による配給でしたが、「柳の下のどじょう」を狙って、松竹系でもポルノ映画を輸入するようになります。その結果、「吉祥寺ムサシノ映画」にもポルノの波が押し寄せてきました。ポルノをかけろと言うのです。

「吉祥寺は学園都市で住宅地ですから、客層が違うんですよ」

「『吉祥寺ムサシノ映画』は成人映画館ではありませんから」

いくらこんな正論を吐いても、営業担当者は耳を貸してくれません。

「だったら、もう映画は回さないよ」

そう言わんばかりの圧力です。

仕方がないので、回ってきた映画は上映することにしました。非常に屈辱的でした。が、ポスターなどは、他の映画とは扱いを変え、できるだけ目立たないように貼りました。小さな抵抗ですね。

営業担当者が会議の席で、

「コンドームを売店で売れば、儲かるんだよ」

と、したり顔で言ったときには、情けなくなり、言葉を失いました。

一日の最後の上映が終わった後の劇場内は、腹立たしいほど汚れていました。

吉祥寺という街が生まれ変わろうとしていたとき、「吉祥寺ムサシノ映画」はこんな苦境に立たされていたのです。

暗中模索と副業の試み

成人映画まがいのポルノ洋画を押しつけられるのは、しばらくして収束しました。どうやら、まとめて買い付けてしまったらしく、内容も問わずに集めた映画が、いい興行成績を上げるわけがありません。

しかしながら兄も私も、このまま配給側のいいなりで映画館を続けていいのか疑問に感じました。

「ならば、自分たちで上映したい映画を買い付ければいいではないか」

どちらが言い出したか覚えていません。深く考えたわけでもありませんでしたが、とにかく、百聞は一見にしかずだと、一人で、アメリカのロサンゼルスで開催されている映画見本市に出かけました。そして、そこで初めて、映画の買い付けというのがどれだけ難しいことなのかを思い知りました。

映画の輸入を仕事にしている会社は、言葉のできる駐在員を現地に置くか、その地に住むスタッフと契約し、彼らを通して、目ぼしい作品はあらかた押さえています。それに対して私は、右も左もわからない上に、売り手と話をしようにも、通訳を介さなくてはなりません。なんとか映画が買い付けられたとしても、関税はかかるわ、字幕は焼き付けなきゃならないわで、バカにならない費用が発生します。

素人が手出しできるものではないと、そのときはあきらめました。

それでもその後も、何か方法はないものかと、アメリカのフィルムマーケットには出かけ続けました。

その頃の私は、映画館の営業の仕事に、限界を感じていたのかもしれません。

駅前通りの東に、五日市街道まで通る大きな道路が開通した後、バスはそちらの道を通行するようになりました。駅前通り商店街にはアーケードがかけられ、名前も「サンロード」に変わりました。アーケードがかけられると、「吉祥寺ムサシノ映画」

の前に、それを支える四本もの柱が立ってしまいます。それで、最初は兄は反対していたのですが、商店街の発展のためなので、結局、承諾しました。

サンロードには、父が以前から経営するバーがありました。私も、カウンターの中に入って手伝った経験があります。このバーを、アーケード化するに際し、改築しようということになりました。

ほかの店も改築に取りかかりましたが、外装をガラス張りにするのがブームだったようで、どの店も、内部や商品が通りを歩く人からよく見えるように、ガラス張りに変えていました。そんな中にあって、バーという業態は、アーケードのかかる新しい商店街には馴染まないように思えました。

では、どうするか。

父は私に、

「お前も考えてみろ」

と言いました。営業の仕事に腐り気味だった私を、気遣ってくれたのかもしれません。

業態を変えるからといって、働いてくれていたバーテンさんを解雇するほど、父は不人情ではありません。バーテンさんも働けるよう、軽食がとれてお酒が飲める、いわゆるスナックに変えました。

しかし、あまり客足が伸びません。

そこで、バーテンさんたちと話し合いました。

「料理はできるんですか？」

「いやぁ、あまり。でも、スパゲティなら、知り合いから習って作ったことがありますよ」

都心ではスパゲティ専門店なるものができ始めていましたが、その頃、吉祥寺でスパゲティといえば、せいぜい喫茶店で出すナポリタンやミートソースでした。

さっそく、当時人気の渋谷のスパゲティ専門店に視察に行きました。和風その他何十種類ものスパゲティを出す店です。

「要するに、上に乗せるものを変えればいいんだよ」

楽観的な私は、スナックをスパゲティ専門店に変えることにしました。この頃の吉祥寺には、イタリア料理店はおろか、西欧料理の専門店もありませんでした。

「どうせやるなら吉祥寺料金でやろう。そうだ！　今流行りのファストフードみたいに、すぐに食べられる店にしよう。安くて、速くて、いろいろな味が楽しめる店にしよう！」

夢は広がります。

ソースは何種類か作り置きしておけばいい、麺もあらかじめ茹でておいて、注文を受けてから鉄板で焼けばいい、と思いつきました。一気にスパゲティが焼けるよう、鉄板が六枚並べられるコンロもあつらえました。

「店名はどうしようか？」

映画の宣伝のために、映画会社から買ったポスターに言葉を添えたり、ちょっとした飾り付けをしてきた経験が、ここで活きました。

「すぱげっ亭」

そう名づけ、岐阜提灯を買ってきて加工し、二〇坪ほどの狭い店内をにぎにぎしく飾りました。酒に詳しいバーテンさんがいるので、小瓶のワインも出しました。デザイナーだった義理の兄（姉の夫）も、内装をいろいろと手伝ってくれました。

四八種類ものメニューを用意しました。お客さんに見せるメニュー表は大判で、まず女性に渡すようにしました。通りに面する壁の一部を開けてガラス張りにし、そのガラス越しにメニューが見えるようにもしました。

目玉商品は「スパゲティ・インディアン」。カレー風味のスパゲティです。そういう変わり種は当時あまり出す店がなく、評判は上々で、この店は大成功しました。たしか、渋谷あたりでは一品四〇〇円くらいはしたのですが、この店では一五〇円と手頃でした。そうしたことが成功の要因だったのかもしれません。

年に二回、商品を半額にしたスパゲティ祭りを行なったり、スパゲティの本を作ったりもしました。時には、店の入り口から駅のほうまで、入店待ちのお客さんの長い行列ができることもありました。

こうして、映画館の営業回りで少々鬱屈していた気分が晴れました。

勢いに乗って、この店をフランチャイズ展開することにしました。働いていた人の中に、東京の原宿に出店したいという人と、長野県で二店舗出したいという人がいました。出店の相談で長野に出向いたら、なんとその人がまわりに「この方が日本のスパゲティの先駆者です」と紹介するので、大あわてで「違います、違います」と打ち消した笑い話もあります。

しかし、彼らとの契約を済ませたところで、家族の反対に会いました。その後、私は「すぱげっ亭」からフェイドアウトします。

当時、父は、再婚した義理の母と新しい家で暮らしていました。義理の母と仲が悪かったわけではありませんが、この母が特に、新しい事業に乗り出すことに大反対でした。

そのときは「なぜだ？」と思いましたが、一年ほどして、その理由がわかりました。

出会いと別れ

当時、生まれ育った古い家に住んでいたのは、私と上の姉の二人でした。下の姉は嫁ぎ、兄も結婚して、近所の新しい家に住んでいました。

吉祥寺は道路も整備され、大学跡には八階建てのビルが建ち、伊勢丹百貨店が入っています。

公園通りとサンロード（旧駅前通り）の中間にあるわが家の周りにも、次々と新しいビルが建ち始め、再開発が進んできていました。

そこでわが家も、狭い敷地ではありましたが、木造の家を壊してビルにしよう、ということになりました。ただ、そうなると工事の間、私や姉の住むところがありません。それで、父と義母の勧めで、工事中、私は父の家に居候することになりました（親の家なので「居候」というのもおかしいのですが、それまでは義母に気遣って疎遠でした。姉は別のところに移りました）。

義母も、父と同じ東北出身、秋田県生まれでした。

その家に、母の遠縁である女性が、家事見習いを兼ね、お手伝いに来ていました。居候がきっかけで知り合ったこの女性が、後に私の生涯の伴侶となる美栄子です。

妻との間には、昭和五〇（一九七五）年に長男、昭和五三年に長女をもうけました。

九歳で母を亡くし、家庭や家族には縁遠い、と感じていた私にも、普通の家族ができました。何よりも幸せなことでした。

自宅をビルに建て替えていた頃に、話を戻します。

昭和五一年、年が明けてしばらくして、父が入院しました。病名は膵臓癌《すいぞうがん》。三か月近く入院生活が続きました。

本人は、自分の病気がわかっていたと思いますが、お見舞いに行ってもいつもと変わらず、大きく膨らんだ太鼓腹を見せながら、

「腹水盆にかえらず」

などと笑えない冗談を繰り返していました。

昭和五一年四月三〇日、父は永眠しました。

家族が私の新事業「すぱげっ亭」のフランチャイズ計画に反対したのは、既に父の健康に異変が現われていたからだったのだと、そのときになって気づきました。

「すぱげっ亭」には、もう一つ悲しい思い出があります。店長だった人が、独立したいと言って三鷹のほうに店を借り、独り立ちしました。ところが、三年後に難病をわずらい、亡くなってしまいました。思いもかけぬことでした。

「吉祥寺ムサシノ映画」は、兄が継いで社長になりました。

兄も私も、いよいよ後ろ盾のない中で、映画館を続けなくてはならなくなりました。「やはり映画館である以上、ロードショー館としてやるべきではないか」という話題が、兄と私の間で頻繁に出るようになりました。しかし、弱小の映画館が大きな映画会社と交渉するのは、容易なことではありません。

紹介の紹介の紹介、くらいの細い糸をたどって、国会議員の事務所に陳情の真似事をしに行ったこともあります。

松竹などに慣れない接待のようなことを繰り返す日々で、父の死に打ちひしがれる暇も、心の余裕もありませんでした。

転機となったロックコンサート

昭和四〇年代の終わり頃、吉祥寺は大型店舗の出店ラッシュを迎えます。

大学跡地に建った新しいビルに伊勢丹百貨店が入ったのが昭和四六（一九七一）年。翌年には同じ大学跡地に別のビルも建ち、F＆Fショッピングセンターがオープンします。

昭和四九年三月、サンロード（旧駅前通り）の東側にできた新たな広いバス通りの東に、東京近鉄百貨店ができ、さらに六月には、公園通りの、かつて吉祥寺名店会館があったビルが拡張リニューアルされ、東急百貨店が入店しました。昭和五三年には、昭和三五年から南口にあった丸井が、少し場所を移動してリニューアル・オープンします。

昭和五三年、吉祥寺の映画館のリニューアルも相次ぎます。一〇月には「吉祥寺オデヲン座」が建て直され、吉祥寺東亜会館というビルになりました。このビルの中に「吉祥寺松竹オデヲン」（地下一階）、「吉祥寺スカラ座」（三階）、「吉祥寺セントラル」（五階）、「吉祥寺アカデミー」（二階）と、四館の映画館が新たにできたのです。

これで吉祥寺の映画館は、既存の我が「吉祥寺ムサシノ映画」に、「吉祥寺名画座」「吉祥寺東宝」、新たにロードショー館となった「吉祥寺東映」、さらにこの四館を合わせ合計八館となりました。

さて、「吉祥寺ムサシノ映画」の今後です。もはやロードショー館でなければ、お客さんが来ない時代に入っていました。何とかロードショー館になりたい。これが兄と私の切実な願いでした。

兄と私は慣れない接待を繰り返しました。その結果、松竹からそれなりの好感触を得て、設備環境をよくすれば、ロードショー館にする、という口約束は得ていたのです。

ところが、その約束は守られませんでした。吉祥寺における松竹系のロードショー館の地位は、改築なった東亜会館の「吉祥寺松竹オデヲン」に、昭和五六年、持って行かれました（ロードショー館になって「吉祥寺松竹」に改称。なお、この頃から「ロードショー」という言葉は、以前の「特別先行上映」の意味でではなく、封切と変わらぬ意味でも使われるようになっていったように思います）。

兄と私が、がっくりと肩を落としたことは言うまでもありません。商談の難しさを嘆き、政治力のなさに落胆するばかりです。

そんなこんなの昭和五七年、こう言っては悪いのですが、あまり風体のよくない若者たちが「吉祥寺ムサシノ映画」の事務所を訪ねてきました。当時の学生に、ボロボロのジーンズに長髪といった出で立ちは珍しくはなかったので、ごく普通の若者だったといえるのでしょうが、こちらとしては身構えざるをえませんでした。映画館のスタッフの知り合いだったのかもしれません。

「あのぉ。ロックコンサートをここでやらせてもらえませんか？」

「いや、うちは映画館だよ。それは無理な相談だよ」

最初はそんな感じで、とんでもないことを言い出す人たちだと思っていました。しかし、断ってもまた、次の日に訪ねてきます。

「君たちの音楽はロックというじゃないですか。ご覧の通りここは木造なんですよ。ロックは音が大きいでしょう……」

そう言っても、また次の日にやってきます。

三日目でもあり、仕方ないので、もう少し詳しく話を聞いてあげると、

「吉祥寺にはロックコンサートをやらせてくれるホールが全くないんです。どこでもロックは駄目だと言われて」

とうなだれます。

時代は、少しさかのぼります。

昭和四四年、日本のあちこちにフォークゲリラが出没しました。広場や駅前、商店街など人の集まるところで、反戦歌などのフォークを路上演奏する活動です。

現代では、路上演奏のアーティストがメジャーの世界でも活躍するなど、路上パフォーマンスにも世間の理解が得られつつありますが、当時は、路上で集まって演奏するというのは、かなり冒険的な試みでした。ベトナム反戦運動や学生運動などとも、つながっている面がありました。

中でも有名で、最大の活動と言われたのが、新宿西口の地下広場で行なわれた演奏です。このフォークゲリラは、特に政治的な意味合いが深いと見なされ、とうとう機動隊まで出動する騒ぎになって、こうした集会、音楽活動は、新宿から一掃されてしまいました。

その後、新宿を閉め出された音楽好きたちは、中央線の沿線へ流れたのだと聞いています。それで、中央線の沿線には、ライヴハウスや、多様な音楽ジャンルの店ができるようになりました。

昭和四六年の、当時若者に人気の高かった雑誌『平凡パンチ』は、「新宿はもう古い！　新しいヤングは、高円寺、吉祥寺、国分寺の〝三寺〟に行け！」などと盛んに書き立てました。

吉祥寺では、フォーク喫茶の「ぐゎらん堂」が昭和四五年にでき、ジャズ喫茶の「ファンキー」が昭和四一年から本格的に始動するなど、音楽を楽しむ店がどんどん増えて行きました。私たち住民も、門外漢ながら「音楽好きの若者が集まる街になってきたんだなぁ」などと思っていました。

商業施設をとってみても、大型店もあれば個性豊かな店もあり、充実しています。井の頭公園という大きな公園も駅のそばにあって、みんなの憩いの場となっています。いつしか若者たちは、「ジョージ」という愛称で吉祥寺を呼ぶようになっていました。

そんなふうに、若者にも愛される街になってきた、吉祥寺は〝文化の街〟だ、武蔵野市は〝文化都市〟だ、と思っていたのに、目の前にいる若者たちは「吉祥寺にはロックコンサートをやらせてくれるホールがない」と口にするのです。

私にはとても意外でした。「公的なホールはロックに冷たい」などと聞くに及んで、私はだんだん憤慨さえ覚えてきました。

「吉祥寺ムサシノ映画」は、吉祥寺に文化を、という有志の声で建てられた「井の頭会館」の歴史を背負っています。兄も日頃から「商業的な発展だけでは吉祥寺はだめになる」と言っていました。兄は、武蔵野市立第三中学時代は演劇部、明治大学時代も演劇活動をしていたので、そうした文化活動への理解は深いのです。

私たち兄弟は、彼らの申し出を受けることにしました。

とはいえ、危惧することがありました。アーケードのある新しい商店街にはなったものの、当時のサンロードでは、まだ店舗の二階を住居にしている人も多く、果たしてロックコンサートを木造の「吉祥寺ムサシノ映画」で行なって騒音問題が起こらないか、ということです。

映画館のスタッフで、どうすれば音が洩れないか知恵をしぼりましたが、結局は予算もないので、壁の薄いところやドアの隙間を、廃棄寸前の布団や毛布・ダンボールなどでふさぐといった「手作りの防音」で、なんとかしのぐほかありませんでした。

彼らには「終演時間を絶対に守る」と約束してもらい、「責任は自分たちで持つ」という言質《げんち》もとりました。

彼らには、このコンサートは大成功だったようです。しかし案の定、終演時間九時半という約束は守られず、コンサートは一一時頃まで続きました。ご近所からは警察に通報され、後日、陳謝の挨拶回りをしました。すると、今まで聞こえてこなかった「吉祥寺ムサシノ映画」への不満の声も聞かされることとなりました。

映画館ができて約三〇年。老朽化はまぬがれません。サンロードに新しい店ができるたび、古めかしさが目立ってきます。

ある日、兄がこう言い出しました。

「『吉祥寺ムサシノ映画』は、新しく生まれ変わらなくてはならない」

昭和五八年、「吉祥寺ムサシノ映画」は一旦閉館し、新たな劇場を建てる準備に入りました。

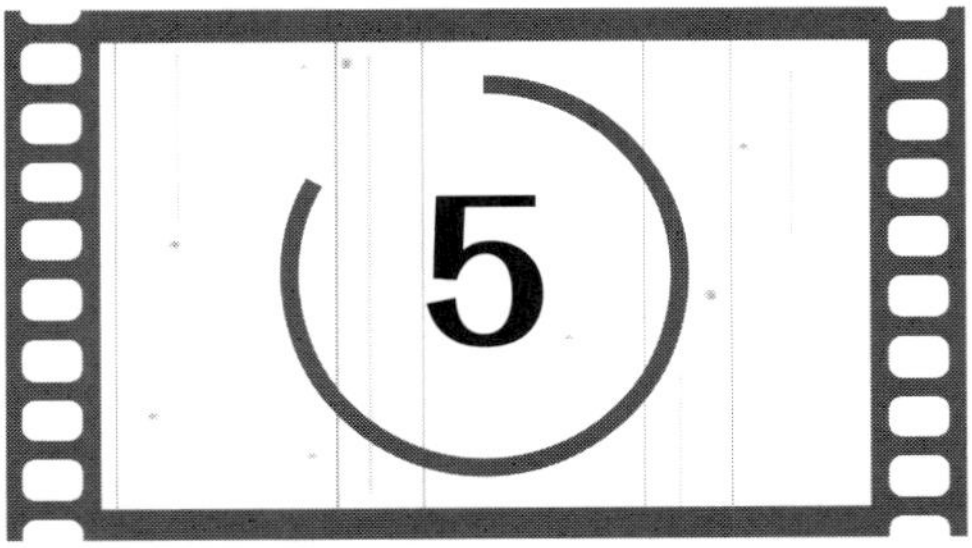

「バウスシアター」、船出する

——〝何でも屋劇場〟の七転び八起き

「シネピット5《ファイブ》・ムサシノ」

映画の敵はテレビ。そんなことがささやかれた時代も、すでに過去のものとなりつつありました。映画とテレビとが手を携える、あるいは映画と異業種とがクロスオーバーする、新たな時代が始まろうとしていました。

昭和五一（一九七六）年、角川春樹という、映画業界とはそれまであまり関係のなかった出版社の社長が、映画製作に乗り出してきました。

それまでも、苦戦を強いられた映画業界が、企業や宗教団体などに協力を仰いで映画を製作することはありましたが、他業種の人が映画を製作するというのは、これが初めてだったのではないでしょうか。

新しく設立された角川映画は、「犬神家の一族」（市川崑監督）で配給収入一三億円（その年度の日本映画の第二位）の成功を収めました。その成功の裏には、映画会社が目の敵にしてきたテレビを味方につけ、大々的にコマーシャルを流す新たな手法がありました。

テレビ広告には莫大な費用がかかるので、映画会社は二の足を踏んでいたのですが、角川映画は、映画の宣伝だけでなく原作の書籍の宣伝にもなると踏んで、打って出たのです。この手法の成功で、この年は「メディアミックス元年」などとも言われます。

ちなみに「犬神家の一族」は東宝系の公開でしたから、東宝とのおつきあいのほとんどない「吉祥寺ムサシノ映画」は、指をくわえて見ているしかありませんでした。

テレビの次に映画館の脅威になったのは、ビデオです。

もっとも、「吉祥寺ムサシノ映画」を閉館し新しい劇場設立を準備していた一九八〇年代前半は、まだビデオ機器は、一般家庭にはそれほど出回ってはいませんでした。

日本で最初の家庭用ビデオデッキは、ソニーから昭和五〇年に発売されたＳＬ６３００です。今の人は知らないでしょうが、ベータ方式という、ＶＨＳとは異なる独自のシステムです。一年後には日本ビクターが、ＨＲ３３００という、ＶＨＳ方式の家庭用ビデオデッキを発売しました。しかし、どちらにしても当時はまだ大変高価で、テレビのようにどこの家庭にもある、といったものではありませんでした。

当時、ビデオ業界の人はアピールに必死で、私たちのところにも、何度も営業に来たものです。


ところで、劇場を建てるには約一年かかりますが、その一年間、何の収入もないのは困ります。そこで考えたのが、生まれ育った土地に昭和四九（一九七四）年に建てたビル（本田ビルと称します）の五階を利用し、上映スペースを作ることでした。

しかしながら、興行には各方面への届け出が必要です。あくまでも新しい劇場ができるまでの「つなぎ」ですから、この上映スペースだけのために、投資したり時間をかけたりすることは避けたい。

そこで考えついたのが、喫茶店にすることでした。幸い、父が健在の時代から飲食業にはかかわっており、私自身も「すぱげっ亭」で経験済みです。飲み物を提供することを主とし、サービスとして映像を流す、という方法を試みることにしたわけです。今述べた、ビデオ普及にやっきになっていたビデオ会社の人が、ビデオ機器の宣伝にもなるということで協力してくれました。流す作品も、ビデオ会社の人がビデオソフトになっている映画を提供してくれました。そうした会社が二～三社ありました。

スペースの名前は「シネピット5・ムサシノ」としました。

ビデオ会社の協力があったので、最初はビデオ（VHS方式）で作品を上映しました。「オードリー・ヘップバーン主演の作品を上映する」と一階入り口前の看板で告知したら、席数の三～四倍のお客さんが集まり、大盛況となりました。

ただし、当時のVHSビデオは、大きな画面で見ると走査線が見えたりして、とてもとても、いい画質だとは言い難い。映画館屋《かつどうや》としては、これがちょっと許せませんでした。それで、とうとう壁をぶち抜いて小さな映写室をこしらえ、35ミリと16ミリを兼用して上映できる映写機を買い（これは、後でも使えるようにですが）、16ミリ映画のフィルムを借りて上映したりもしました。

採算度外視ではありましたが、これはちょっとした「ミニシアター」の試みでもありました。

ミニシアターは、昭和四九年から映画興行をスタートした「岩波ホール」（エキプ・ド・シネマ）が始まりと言われますが、世間の注目を集めブームとなったのは、昭和五六年一二月にオープンした「シネマスクエアとうきゅう」あたりからでしょう。新宿・歌舞伎町にできたこの映画館は、当時としては少ない二〇〇席余りの規模で、大手の配給では上映できない秀作をかけました。定員入れ替え制なども話題になりました。この映画館では、35ミリだけでなく、16ミリも上映できるようにしていました。大手の映画製作会社は使いませんが、お金をかけられないドキュメンタリーや海外の秀作などには、16ミリフィルムしかない映画もたくさんあったのです。

「シネマスクエアとうきゅう」に続いて、六本木の「シネ・ヴィヴァン」や渋谷の「シネマライズ」なども、同様の趣旨から個性的な作品を上映し、椅子などの設備も良くて人気を博しました。

前記のような大手の会社だけが、ミニシアターを作ったわけではありません。

渋谷の繁華街から少し離れた桜丘町で旅行代理店を営んでいた堀越謙三さんが、昭和五七年、その二階を改装して小さな映画館を立ち上げました。「ユーロスペース」の始まりです。

堀越さんは、その語学力や海外とのネットワークを活かして、作品も直接買い付けています。大手の配給に振り回されてきた立場としては、大いに勇気づけられる活動で、何度も話を聞きに行き、お付き合いは長く続きました。

また、同じ昭和五七年には根岸邦明さんが、やはり独自の視点で海外の映画を買い付ける映画配給会社ケイブルホーグを立ち上げました。

堀越さんや根岸さんから刺激をもらいながら、新たな出発に向けて、考え、夢見る日々でした。

「シネピット5・ムサシノ」は、二〇人も入れば満席の16ミリ映画上映ルームと、ビッグスクリーンが売りのVTRラウンジを持った施設として、約一年続けました。

たった一年ではありましたが、営業的に成功したかどうかは別として、夢見ていた

「見たい、見せたい、見せなければならない映画」を上映する手応えを感じました。『ぴあ』や『シティロード』といったエンターテインメント情報誌を見て、遠くから訪れてくれる人もいました。そうして足を運んでくれた観客と直接顔を合わせ、会話をし、意見を交わすといったことも、貴重な体験でした。

元演劇青年の面目躍如

「吉祥寺ムサシノ映画」改め、一つの劇場と一つのフリー空間を備えた「バウスタウン」がオープンしたのは、昭和五九（一九八四）年三月のことでした。

劇場の設計のほとんどに兄が関わっています。「兄の手作り」と言っても言い過ぎではないくらい、力の入った劇場でした。

前述したように、兄は中学時代、演劇部にいました。同期には女優の樫山《かしやま》文枝さんがいて、中学時代は、兄を訪ねてよく家にも遊びに来ていました。後年、武蔵野市長になった某氏もこの中学の演劇部の同期でしたが、「下手だから、裏方しかしてもらわなかった」と、市長になったとき、兄が思い出していたものです。

その後、兄が本格的に演劇にのめり込むようになるのは、大学時代です。兄は明治大学に進学し、舞台芸術論や制作論を学びました。ですから、劇場空間を自分の力で作り上げるのは、若い頃からの夢だったのだと思います。

しかし、芸術家肌で凝り性の兄に任せきりにするのは、私としては心配でした。趣味と仕事は違う、というのが私の立場です。

「そんな酔狂なことをしたら、営業的に成り立たないよ！」

「新しいことをやらなければ、意味がないんだ！」

そうして意見を闘わせ、時にはけんかもしながら、劇場作りを進めました。

私がアメリカ視察旅行で得たアイディアも、取り入れてもらいました。

ロサンゼルスやサンフランシスコのあたりを回っていて、たしかサンディエゴの映画館の支配人と、こんな会話を交わしました。支配人がこう言うのです。

「うちの映画館は二〇〇〇人収容できるんだ。でも、今は三〇～四〇人しかお客が来ないこともあるよ。何かうまい手はないかな？」

「それなら、映画館を二つにすればいいじゃないですか」

そう応じたのは、当時はただの思いつきでした。

映画館を分割して効率よく観客を入れるというのは、今のシネコンの方法です。

このときの会話を思い出し、収容人数が四〇〇人を超えていた「吉祥寺ムサシノ映画」を分割しようということになりました。このほか、アメリカ視察の際にさまざまな劇場を撮影した写真も、大いに参考にしています。

劇場だけでなく店舗を併設しよう、と考えたのも、アメリカの映画館がスーパーの上にあったりするのを見てきたからです。それで、一階は店舗として貸し出す、二階には二つの劇場を作る、と決めたのです。

劇場の一つは、兄のたっての希望で演劇などもできるマルチ劇場にしました。従来の映画館や劇場では、舞台の高さは普通一～一・五メートルくらいなのですが、これを四五センチと低くしたのは、兄のアイディアです。

「このほうが、舞台で役者が発する声が全館のお客さんに聞こえやすい。映像を見るときも、こういう視線のほうが面白いと思うよ」

こんなふうにいろいろな場面で、兄は持論を熱く語りました。

出来上がってみると、たしかに、ちょっと他所の映画館では味わえない感覚の映像や音が得られました。

もちろん、ここでは映画、演劇だけでなく、コンサートもできるように、と考えました。何と言っても「吉祥寺ムサシノ映画」建て替えのきっかけになったのが、あのロックコンサート難民だったのですから。

劇場名については、船好きの私が「船にかかわる名前をつけたい」と要望しました。アイディアを出し合っているときに、

「船の先端は『バウ』って言うんだ」

「ほう、それで?」

「う〜ん、後ろ側は『スタン』で……」

「合わせると『バウスタン』か?」

「そうだ、店舗も下にある。劇場のある街ということで『バウスタウン』だ!」

こんないきさつで、名前が決まったのです（後年、店舗用スペースを改築して劇場を

「バウスタウン」のオープニング・セレモニー。
2階の劇場に行くには、1階の広場の左右にある階段を使う

三つにした際、「タウン」を取って「バウスシアター」にします)。

実は予算不足で、昭和五九年の開館時には、二階の劇場のうち「バウスシアター1」(演劇・音楽もできるマルチ劇場)しか完成していませんでした。もう一つのシアターは建築基準法の問題もあり、椅子もない、単なるフリー空間として出発せざるを得ず、なかなか厳しい「出航《ふなで》」でした。

この小さいほうの空間は「ジャヴ50」と名づけました。ボクシングの軽いパンチであるジャブと、フランス語の「デジャビュ」(一度も経験したことがないの

〔上〕「バウスシアター」で舞台挨拶する兄・本田耕一
〔左〕「バウスシアター1」と「ジャヴ50」の見取り図（『DADA（駄駄）』創刊号より）

に、かつて経験したかのように思う錯覚）にひっかけたネーミングです。面白いことが小出しで出てくる空間を目指したのです。

　また、オシャレな映画館にしたいと、一階の真ん中に広場をもうけ、お客さんは左右の階段を上がって二階の劇場に行く構造にしました。

「バウスシアター1」の入り口正面に、普段は閉じてチラシなどを置く、ショーウインドーみたいなスペースの窓枠があったのですが、その窓を開くと、客席から表（ロビー側）が見えるようになります。この窓は、消防法を意識して作ったのです。窓があったら、何かあったときにお客さんが逃げやすい、方向を見失わない、というアイディアです。客席の窓が開くなんて劇場は、まずないでしょうね。

「バウスタウン」をオープンするとき、兄は『DADA（駄駄）』というミニコミ誌の創刊号を発刊しました。そこに兄・本田耕一の宣言文が掲載されています。

兄の思いも本書に残しておきたいので、文章を再録します。

〈がたがただったが残したかったあの武蔵野映画が変りましたの記〉本田耕一

隅からスミまで願いあげタテマツリ、祭ってしまうことから始めさせてもらいます。

過ぐる昭和二十五年、木材、釘一つない時代、教会堂の建設に名を借りてヨーロッパ映画を上映する木造最大級の映画館が出来上った。まったくの偶然ではあるが現存する映画館の中でも最良の音響空間で肉声がまことに自然に伝って来る音圧の悪影響のない残響約〇・九秒の残しておかなくてはならない劇場であったことをここに記しておきたいと考えます。名前も姿も変えて今までにない映画館的劇場というコンセプトを目途として吉祥寺バウスタウンのバウスシアター及びジャヴミニホールを誕生させました。劇場そのものがもつ心持ちを伝え入場者がもつさまざまな心持ちをふっと溶け込ますホホエミの出る空気館《ママ》――何となく楽だし楽しい感じ――お客様を祭り上げる野望のもとに感性をつぎ込んでおきました。

　誰しもどこか遠くへ行きたい身の回りにいや気がさしてきて新しい気につつまれたいと当然行動を起す時、一寸まって下さいな近くをつくりかえりゃいいのでしょう。近くで充足し近くのものを認め山盛にして生きかえろう――近眼は日本人の天性、ゴキブリの様に歩き回り生きるのは最も楽しいはずです。地元、そこをギラギラにしなくっては、やることをすませてからどうぞ遠くへいらして下さい、と祭り上げさせてもらいます。幼も青も壮も老年もまったくのモノトーン盛りに盛りをとびおりて我はフリーの掛け声とともにこの大小の劇場で生命を吸い発散させて下さい。エモーション、老人も聖者も色気づけ、命がわかるところをつくり守ろう。吉祥寺――生きていられるところ――オモシロくいこう、つまらねえジョージにはバイチャのサインを出そう。愛すべき馬鹿ヤロが集まるとそれは宝石の様にきらめく姿を感じる。もとは教会堂であったことがワザワイしてこの世から救われてしまえるかもしれませんぜ。―コワイ―

あなたの分身が今か今かと首を長くして待っているところが劇場という所かもしれません。この劇場があなたとあなたの出合の場所であることを願います。その巡り合いは心のたかまる生れ変わる瞬間を経験するにちがいありません。劇場主の歓びはここにある訳です。願いあげます。出演する方や観る方々ともどもに歓びにひたれますように。

そのために吉祥寺から創り出していこう。吉祥寺らしさを何かもとう。登竜門即凱旋門そして皆さんの活躍が永久に続いていくことを祈るのです。天にも地にも隅から角まで願い上げタテマツリます。

――前から知っていられる方々に一言

映画はやらんのか？　いいえ、映画こそいのちなのです。映像の時代、ますます映像の時代になったのです。8㎜16㎜35㎜そしてビデオカセットにディスク、映像はすべて私のところの一手販売としたいくらいです。何が面白いといったって映画ほど面白いものはないと思っているのです。念の為申し述べさせていただきます。

これを読み返すと、改めて、兄には芸術家肌だけではない、こういう面があったんだな、兄はもしかしたら、ある意味で興行者だったのかな、と思うのです。

予想外のスタート

劇場作りにかなり力を入れた「バウスタウン」だったわけですが、もともと「吉祥寺ムサシノ映画」の終盤、兄弟で懸命にロードショー館になるべく動いたにもかかわらず成功に至らなかったので、実は、上映する映画については、かなりの苦労がありました。

とにかく初日の三月一日は、お披露目として「カバーガール」（チャールズ・ヴィダー監督／一九四四年）と「ジョルスン物語」（アルフレッド・E・グリーン監督／一九四六年）という往年のアメリカ映画の名作をかける段取りを整えました。

しかし、そのあとにかける作品が決まりません。

まっさらの劇場「バウスシアター1」では、スタート時くらいまっさらなプリントをかけたい。それが映画館屋《かつどうや》の人情というものです。四方八方、声をかけた末、やっと名乗りを上げてくれたのが、日本アート・シアター・ギルド（ATG）でした。当時のATGの社長は佐々木史朗さんでした。

ATGは昭和三六（一九六一）年、主に、芸術性が高かったり、内容が特殊すぎたり、俳優のネームバリューに欠けていたりで大手の封切館で上映できなかった外国の名作映画を、配給・公開する会社として出発しました。その後、外国映画だけでなく、日本映画にも範囲を広げ、大手映画会社を離れた今村昌平監督、大島渚監督、吉田喜重監督などの独立プロダクションと組んで、映画の製作も手掛けるようになりました。

昭和五四年頃からは、学生映画や低予算のポルノ映画の若手監督を抜擢して映画を作らせ、日本映画界に新しい風を吹き込みます。「バウスタウン」がオープンする前年の昭和五八年には、にっかつ撮影所やNCP（日活がロマンポルノ路線に移った際、独立したプロデューサーたちが集まってつくった会社）と共同製作した「家族ゲーム」（森田芳光監督）が、高い評価を得ていました。

そのATGの担当者が「うちの映画でよければ、かけてください」と「蜜月」（橋浦方人《ほうじん》監督／昭和五九年）を配給してくれたので、〈オープニング記念ロードショー〉と銘打って、三月の初めの二週間あまり、この作品を「バウスシアター1」にかけることができたのです。

その後も、八月に「逆噴射家族」（石井聰亙《そうご》＝現在は石井岳龍《がくりゅう》監督／昭和五九年）をかけるなど、ATG作品にはお世話になりました。石井監督の作品は、その後も新作をかけ、監督自身よくバウスにも来てくださって、いろいろとお話を交わしたものです。

一方、小さいほうの「ジャヴ50」のオープニングは、建築中のつなぎだった「シネピット5」での好評を受け、無料のオードリー・ヘップバーン特集を打ちました。椅子も置けないほどの大入りで、立ち見満席でした。

その後は、16ミリ映画のATGの「廃市《はいし》」（大林宣彦監督／昭和五八年）を上映したりしました。上映に際し大林監督にお声をかけたら、バウスまで来てくださいました。「16ミリ映画が上映できるこんな劇場が、これから先も増えてほしい」とおっしゃったのが印象に残っています。

「ジャヴ50」は、本当の意味の「ミニ」シアターとして、さまざまな映画をかける実験場となりました。

配給会社のほうも、前に書いたケイブルホーグだけでなく、小さな会社がたくさんできてきていました。老舗のフランス映画社、ヘラルド・エースなども含め、いろいろな映画配給会社に連絡しては、いい映画を探す日々でした。

「バウスシアター1」で初めて興行として成功したのは、昭和六〇（一九八五）年八月のほぼ一か月をかけて上映した「ストップ・メイキング・センス」（一九八四年）でした。これは、アメリカの人気ロックバンド「トーキング・ヘッズ」が一九八三年一二月にロサンゼルスで行なったライヴを収録した音楽映画で、監督は、平成三（一九九一）年公開のサスペンス映画「羊たちの沈黙」（一九九〇年）で辣腕を発揮したジョナサン・デミです。

この音楽映画にいち早く目を付けて買い付けたのが、クズイ・エンタープライズの葛井社長でした。私は何度もアメリカに視察旅行に行っていましたが、その旅先で葛井社長とは名刺交換をしていました。クズイ・エンタープライズは発足したばかりで、買い付けた映画を公開してくれる映画館を探しているところでした。こちらも、音楽や演劇にも対応できる劇場を目指し、音響設備に力を入れていたので、この映画の配給は「渡りに船」だったのです。

兄もスタッフも、この映画の上映には大賛成。私は「バウスシアター1」での独占公開を約束してもらいました（が、この約束は、どう間違えたか守られず、別の映画館でも上映されてしまったのですが）。

この映画はスタンダードサイズで撮影されているので、通常の映画館では画面の上下を多少カットして上映するのですが、うちではそのままのサイズで上映できるように、スクリーンの下のカットマスクを外しました。スタッフも乗り気で、上映開始前のスクリーンにステージのスクリーン裏から照明を当て、裏に置かれている鉄骨（演劇の際などに使用）が浮き上がるようにしました。まるで本物のライヴのステージであるかのような演出です。

この「ストップ・メイキング・センス」の成功で、「バウスシアター1」は音楽映画が素晴らしい、という評判を得ることができ、以後、音楽映画を得意とする映画館と見られるようになりました。これには、音楽通のスタッフがたくさんいたことも助けになりました。

当時、都内には、音響設備に力を入れ音楽映画に本気で取り組むような映画館は少なく、音楽映画自体も、まだ他の作品の添え物扱いにされていました。その意味ではラッキーだったともいえます。「吉祥寺ムサシノ映画」は、あのロックコンサートのせいで少々寿命を縮めた、とも思っていましたが、（信仰心が強いほうではありませんが）音楽の神様が、お礼をしてくれたのかもしれません。

一本上映が成功したからといって、映画館が成功したとはとても言えませんが、かつて受け身で映画を配給してもらってばかりいた時代からすれば、雲泥《うんでい》の差です。映画館や劇場の運営の、ひとつの道筋を示してくれたような気がしました。

その後も、場内の雰囲気をライヴ会場みたいにするため、天井からバトンを吊り、そこに照明器具をつけたり、ピンスポットを取り付けて光の演出をしたりしました。

音楽映画では、昭和六三年に上映した「ラスト・ワルツ」（マーティン・スコセッシ監督／一九七八年／「ザ・バンド」のライブ映画で日本の初公開は米国と同年の昭和五三年）や、平成二年に上映した「ジャニス」（ハワード・オーク監督／一九七四年／ジャニス・ジョップリンのライブ映画）も大ヒットしました。


自主配給の夢にも、蓋をしたわけではありません。もちろん、大々的な買い付けや配給ができるわけではありませんが、何度かアメリカの映画マーケットに通ううちに、いろいろな段階の買い付け方法があることも学びました。「当館での上映の権利のみ」といった具合に条件を限定すれば、手が届く予算でした。

記念すべき第一回の自主配給作品は、「イズ・イット・ヘヴン・イエット？」という一九八四年のアメリカ映画です。カール・カルダナ監督が、製作も脚本も音楽も編

「イズ・イット・ヘヴン・イェット？」（1988年上映）のチラシ

集も、そして主演までやるという、ひとことで言えば低予算映画ですが、安原顯《けん》さん（当時『マリ・クレール』誌副編集長）から、ジャン・リュック・ゴダール監督の「勝手にしやがれ」（一九五九年）や、ジム・ジャームッシュ監督の「ストレンジャー・ザン・パラダイス」（一九八四年）に匹敵する、と評していただきました。

イギリス映画の「ウィズネイルと僕」（一九八八年）も自主配給作品です。製作総指揮にザ・ビートルズのジョージ・ハリスンが名前を連ね、ブルース・ロビンソンという俳優が監督・脚本を担当しています。平成二（一九九〇）年九月に東京・青山の草月ホールで開催された〈UK90　ブリティッシュ・フィルム・フェスティバル〉（「株式会社ぴあ」の主催）で初公開しました。このフェスティバルは、草月ホールの後、「ぴあ」との共催で「バウスシアター1」でも開催しました。そうした縁で、その後「ウィズネイルと僕」の上映権を譲り受け、翌年の五月以降、「バウスシアター1」で何度か公開しています。

中国と台湾の合作映画「画魂　愛、いつまでも」（一九九二年）は、一九世紀末に中国で生まれ、パリで成功した実在の女流画家パン・ユィリャンを、女優のコン・リーが演じた伝記映画で、監督はホァン・ショーチン。「バウスシアター1」で平成七年一二月に公開しています。

ほかにも、チェコ映画の特集上映をしばしば開催しています。これは、チェコスロバキアのアニメ・フェスティバルを何度か行なったことが縁で、アニメ以外のチェコ映画も上映して欲しいという要望を受け、チェコの女性監督ヴェラ・ヒティロヴァの映画祭を企画したのが始まりです。ヒティロヴァ監督自身も、映画祭のために来日してくださいました。

彼女の代表作は「ひなぎく」（一九六六年）です。製作当初はチェコ国内で発売禁止処分を受けたのですが、後年、世界各国で公開されました。「一九六〇年代の女子映画の決定版」として、日本でも上映するたびに人気が上がって行きました。この「ひなぎく」をはじめとする数本の特集を組んだご縁で、ヒティロヴァ監督のデビュー作「天井」(一九六一年)の配給権を譲り受けることもできました。

決して数が多いとはいえない自主配給作品ですが、これらの作品には助けられることも多かったのです。たとえば、「バウスシアター1」では、映画だけでなく、演劇やコンサートも行なったのですが、実は、運営する上でこのことは、なかなかプログラムの作り方を難しくしました。演劇やコンサートには、何らかのアクシデントでプログラムに穴が開いてしまう危険性があるからです。

しかし、そうした万が一の場合でも、自主配給の映画フィルムを持っていると、それを上映することでカバーできます。プログラムが空白になることを避けられるのです。

それにしても助けられました。困ったときの〈寺山修司特集〉であり、ヒティロヴァ監督の「ひなぎく」「天井」であり、「ロッキー・ホラー・ショー」(ジム・シャーマン監督、一九七五年)でした。「上映権の期限切れ迫る! これが日本での最終上映」と謳って、何度企画上映を行なったことか(もう時効でしょうから、みなさん、許してくださいね)。

「天井」（1993 年上映）のチラシ

〈寺山修司映像詩〉（1986 年上映）のチラシ

「ロッキー・ホラー・ショー」（1991 年上映）のチラシ

「ひなぎく」（1991 年上映）のチラシ

寺山修司の16ミリや実験映画を「シアター2」にかけると、いっぱいの立ち見になりました。

「ロッキー・ホラー・ショー」には独特のファン層がついているんです。上映中、米粒を投げたりクラッカーを鳴らしたり踊り出したりといった、劇場内パフォーマンスで大騒ぎになります。上映が終わると、床はゴミくずの山。上映を希望する人たちには、きれいに掃除をすることを約束してもらったりしました。よくニュースにも取り上げられました。最終上映では、社長の兄も私も舞台に上げられ、感謝状なるものをファンクラブの方からいただきました。

宣伝には、地元のタウン誌や新聞社の支局にも助けられました。三鷹市にある各新聞社の支局に、「ちょっと珍しい映画があるよ」とか「面白いイベントがあるよ」と、宣伝に歩くと、結構取り上げてくれたのです。各紙の武蔵野版を担当する支局が、隣の駅の三鷹に集中していたのは幸運でした。

『ぴあ』や『シティロード』などのエンターテインメント情報誌ができて、お金をかけずに宣伝できるようになったのも、とてもありがたいことでした。

演劇も音楽も落語も

演劇青年であった兄の念願がかなない、「バウスシアター1」は演劇もできる空間となりました。兄は、明治大学の先輩である唐《から》十郎さんや、武蔵野市立第三中学の同級生だった草村礼子さんなど、演劇関係の知人も多く、先に書いたミニコミ誌『DADA（駄駄）』では、錚々《そうそう》たるメンバーが寄稿やインタビューに応じてくださっています。敬称を略して記すと、前衛舞踏家の石井満隆、「劇団三〇〇《さんじゅうまる》」主宰の渡辺えり子（現・渡辺えり）、本多劇場（下北沢）の本多一夫、こまばアゴラ劇場の平田穂生《さきお》（劇団青年座主宰の平田オリザの父）、パフォーマンスアーティストの霜田誠二、映画監督の大林宣彦、詩人のねじめ正一、等々の方々です。

演劇は兄の担当で、よくいろいろな劇場へ芝居を観に出かけ、新たな人脈を広げていました。うちでも、当時人気の劇団から学生演劇まで、さまざまな公演が行なわれました。唐さんの「状況劇場」も公演してくれたし、草村さんは一人芝居をしてくださいました。

私も、演劇のプログラムに直接携わったことが一度だけあります。ちょうど「バウスタウン」がオープンした頃、丹波哲郎さんが俳優養成所「丹波道場」というのを立ち上げました。

「丹波さんも劇団を持っているらしいよ」

と兄に言ったら、

「ならば、タクオが交渉して来い」

と言われました。

そこで丹波道場を訪ねたのですが、このときの印象は強烈でした。

「はい。私が丹波だが」

いやぁ、その登場はもう、映画のお芝居のようでした。

そして、私が「養成所のみなさんの公演を、ぜひ当館で」と営業しているのに、全くその話は無視して、

「私は京都ではね……」

と、女性関係の武勇伝を繰り返し述べるばかり。

最後にやっと「バウスシアターでの公演は考えましょう」とおっしゃってくださったのですが、

「それより、君。君の所は映画館だろう。この映画をかけてくれたまえ」

と、丹波さん自身が脚本・監督を務めた映画フィルムを手渡されました。

さっそく持ち帰って写してみたのですが、後年の丹波さんを有名にする、いわゆる〝大霊界もの〟です。二〇分くらいでフィルムを止め、丹波さんに電話をかけました。

「大変申し訳ないのですが、これは興行的に難しいと思います」

私は、どなられるのでは、と思っていましたが、意外にも、

「フォッ、フォッ、フォ。やっぱり、そうでしょうなぁ」

フィルムは後日、息子さん（俳優の丹波義隆さん）が引き上げに来てくださり、さらに劇団の公演も承諾してくださいました。

昭和五九（一九八四）年六月に行なわれた〈丹波道場「輪舞葬法」〉という公演には、ご自身も足をお運びくださいました。出で立ちは、テレビドラマの「Gメン'75」その

ままでした。

演劇の担当は兄、と書いたのですが、実は、劇団に施設の使用料を請求するのは私の役割でした。兄も請求書くらいは書きましたが、最終的に取りに行くのは私でした。演劇というのはお金がかかるもので、公演が赤字で終わる劇団も少なくありません。「どうしても払えません」と土下座する人もいました。

吉祥寺にも、平成一七（二〇〇五）年にやっと武蔵野市立の演劇専門劇場「吉祥寺シアター」ができましたが、私の印象では、「バウスタウン」開館当時の吉祥寺には、まだ演劇の土壌などできていませんでした。兄としては、駒場の「アゴラ劇場」や下北沢の「本多劇場」と並ぶ劇場にしたかったのでしょうが、現実は厳しかったのです。それでも、演劇のお客様が育つまで、という気持ちで、平成七年までは演劇の公演を続けました。

劇場を新しくしようと考えるきっかけとなった音楽公演も、実現させました。記念すべき最初の音楽ライヴは、昭和五九年三月一一日の〈武蔵野フォークジャン

ボリー　吉祥寺発ぐゎらん堂ＥＸＰ〉です。
フォーク喫茶「ぐゎらん堂」の店主、村瀬さんの協力を得て、サスケ、電気ブラン、森千代子、ながさわみきおwith大西真、中川五郎、佐藤博、斉藤洋二＋まっちゃん、斉藤哲夫、友部正人、英浩ブラザーズ、深コージ、敦賀隆、友川かずき、なぎら健壱《けんいち》、シバ、高田渡《わたる》、武蔵野タンポポ団ＡＧＡＩＮといった方々（敬称略）が出演してくださいました。

その後、「バウスシアター1」のみならず「ジャヴ50」でも、規模もジャンルもさまざまな音楽公演を行ないました。

音楽ライヴにはもっといい音響設備が必要だと、昭和六一年に兄が新たに大型スピーカーを導入しました。私は費用のこともあり、導入には乗り気ではなかったのですが、前年の音楽映画「ストップ・メイキング・センス」の成績がよかったので、音楽映画のためにもなるかと、しぶしぶ認めたのでした。このスピーカーの導入が、後年「バウスシアター」の名物になる〈爆音映画祭〉につながったのですから、これは兄の卓見だったと言うべきでしょう。

ロードショー館になれなかった腹いせ、とまでは言いませんが、とにかく、面白いことをやろう、と必死でした。

落語会もその一つです。

落語家の春風亭柳昇《りゅうしょう》さんが、吉祥寺の西の関前に住んでおられました。今の人には、「春風亭昇太さんの師匠」と言ったほうがわかりやすいかもしれませんね。昇太さんは、当時はまだ修業中の前座で、楽屋で師匠の羽織を畳んだりしていました。すばらしい落語家に成長したものです。

最近亡くなった桂歌丸師匠が、憧れ、落語家になろうと思ったきっかけも、柳昇師匠だったと聞いています。

その柳昇師匠の義理の妹さんが私の父の親戚のところに嫁に来ていたので、「バウスシアター1」を映画だけではない劇場にする、と決めたときから、「落語会」はどうだろうと考えていました。遠縁であることから気楽に関前のご自宅にうかがえたのです。そして師匠に、

「吉祥寺でシアター寄席をやりませんか？」

と提案したら、即、

「やろう！　やろう！」

五分で話が決まりました。

演者のブッキングもすべて師匠がやってくださいました。有難い限りです。

〈バウス寄席〉と銘打った落語会は、昭和五九（一九八四）年から、柳昇師匠が亡くなる平成一五（二〇〇三）年の第一七〇回まで、およそ二〇年続き、亡くなられた三週間後には、追悼の落語会も開きました。

平成7（1995）年11月の〈バウス寄席〉チラシ

現在は落語人気が復活していますが、〈バウス寄席〉が始まった当初は、寄席やホールで生《なま》の落語を聴くのは、年寄りのすることだ、流行遅れだ、と見られていました。「新宿末廣亭」のような定席《じょうせき》は通《つう》の行くところで、大きな会場で開かれるホール落語も、今ほど脚光を浴びていませんでした。

師匠は〈バウス寄席〉に、ちゃんと下座《げざ》さん（三味線奏者）も連れてきてくださいました。おかげで、舞台の袖からの生《なま》の出囃子《でばやし》に送られて噺家《はなしか》さんが高座に上がる、いかにも寄席らしい寄席にすることができました。

昭和六〇年には、師匠の原作を映画化した「与太郎戦記」（弓削《ゆげ》太郎監督／一九六九年）の上映付きの落語会や、〈フラメンコと落語の夕べ〉といった風変わりなプログラムも試みました。

「与太郎戦記」上映の際には、与太郎役で主演したフランキー堺さんが、舞台挨拶に来てくださいました。見たこともない大きな外車でやってきたフランキーさんは、着くやいなやスタッフに、

「すみませんが、あんパンを一つ買ってきてください」

とおっしゃいます。

お腹が空いているのだろうか？　などと怪訝《けげん》に思いながら用意すると、舞台挨拶のときに、そのあんパンを囓りながら登場して、客席を大いに沸かせたのです。

俳優でありジャズドラマーでもある、多才多芸のフランキーさんは、コメディアンとしても一流でした。主演映画「羽織の大将」（千葉泰樹《やすき》監督／昭和三五年）で共演した縁で、八代目桂文楽の弟子になり、桂文昇という落語家名もお持ちでした。

このようにこの落語会は、さまざまな人との出会いを生んでくれました。

内海桂子師匠が来られたときは、こっぴどく叱られました。

というのも、当初は、演劇などの生《なま》の公演があるときは「ジャヴ50」を楽屋に当てていたのですが、それではせっかくのスペースをつぶして、売り上げを減らしてしまいます。そこで、急場しのぎで屋上にプレハブ小屋を建て、そこを楽屋にしていたのです。もちろん一室しかなかったので、楽屋入りした桂子師匠から、

「あなたねぇ、私は女だよ！」

と叱られたという次第。

ひたすらお詫びして、事務所を楽屋に使っていただき、いろいろ話をするうちに、母が若い頃働いていた寄席を知っている、という話も聞き出せたというわけです。

立川談志師匠も、強烈な個性の持ち主でした。

落語協会からの脱退騒動の後だったか、柳昇師匠の口利きで談志師匠が出演してくださることになりました。駅までお出迎えしたのですが、出番の時間が近づいているのに、いっこうに姿を現わしません。ぎりぎりのところでのんびりと改札から出てきたので、思わず、

「速く、速く。走ってくださいよ！」

と、どなってしまいました。

バウスに到着しても、師匠を首を長くして待っているお客さんたちがいるのに、ゆっくり煙草をくゆらせています。あきれた私が、

「あなたも芸人なら、お客様のことを第一に考えたらどうですか！」

と、またどなってしまい、すっかり険悪になってしまいました。

寄席がはねた後、打ち上げにお誘いしました。どなったりしたので、きっと断られる、と思ったのですが、談志師匠は、

「いいねぇ」

歯に衣《きぬ》着せぬ発言で有名な師匠は、率直な物言いをする私を「面白いやつだ」と

思ってくださったのでしょうか、「バウスタウン」一階のファミリーレストラン「スエヒロ5《ファイブ》」で食事をご一緒したら、すっかり意気投合し、夜遅くまで映画談義にふけりました。談志師匠は大変な映画通で、映画の話なら大喜びで語り合う、と後で知りました。

毒蝮三太夫《どくまむしさんだゆう》さんからも、まず楽屋のことで叱られました。

もろもろの事情を正直に話すと、理解してくださり、

「よし、気に入った。また何にでも呼んでくれ！」

そう言って、機嫌良く帰って行かれました。

この言葉を真に受けて後日連絡し、さらに叱られることになるのですが、そのお話にはあとで触れましょう。

このほかにも、いろいろな人と出会いました。

コント赤信号のマネージャーとして有名になった石井光三さんは、多くのタレントを抱える事務所の社長ですが、ダブルブッキングの名人でもあり、何度か苦い思いを味わいました。

手探りだった音楽祭

「バウスタウン」の社長は兄の耕一だったけど、兄は芸術家肌で凝り性、交渉ごとや営業関係は、もっぱら私に任されていた、という話はもう何度もしていますよね。

いつのことだったか、三〇代になっていた私に、吉祥寺公園通り商店会の会長から声がかかりました。商店会の手伝いをしろ、とおっしゃるのです。「バウスタウン」自体はサンロード商店街にあったけれど、私たちのルーツの井の頭会館ビル（かつての「井の頭会館」を建て替えたビル）は公園通りに面していたので、私たちは公園通り商店会とも関わりがあったのです。

「いやぁ、とてもとても。映画館の仕事が大変で、商店会のほうは何もできませんよ」

と、一度はお断りしたのですが、

「まあ、そうおっしゃらず。まずは、ご一緒にいかがですか?」

とゴルフに誘われ、そうこうするうちに、結局、商店会の活動にも参加するようになりました。それで、夏祭りにちんどん屋さんを呼んでみたり、盆踊りには浴衣を着て参加したりしました。

兄はそうしたお付き合いが苦手でしたが、映画館の経営も、街の発展と切り離しては考えられません。住民の力でできた娯楽施設「井の頭会館」がわが家のルーツなのですから、街への恩返しは使命なのかもしれない。そう思って私は、商店会をはじめ、街のさまざまな活動に関わるようになって行ったわけです。

前からの課題だった吉祥寺駅前の整備は、土地の取得などに時間がかかって滞っていましたが、昭和六二（一九八七）年になってやっと市が、駅北口の駅前広場の土地を取得しました。

ちょうどその頃、吉祥寺の街の活性化をめぐり、商店会をはじめとしたいろいろな組織の人が集まって、話し合いの場が持たれました。そこで、

「やはり、文化的なイベントがないと……」

という話になり、〈吉祥寺音楽祭〉のようなものをやってみよう、ということになりました。

〈吉祥寺○○祭〉といった街の名前をつけるイベントには、いくらか苦い思い出もあります。

商工会の偉いさんの紹介であったか、ある弁護士さんから、「〈吉祥寺映画祭〉を開催したいので、映画館を一日貸してほしい」と言われたことがありました。「バウスタウン」開館二年目のことです。これでバウスも街に貢献できる、と期待したのですが、蓋を開けてみると、その人が自ら製作した、あくまでも個人的な映画を、しかも一本だけ知人に公開するという〝発表会〟でした。「これを〈吉祥寺映画祭〉と言っていいのか？」と、心中穏やかではありませんでした。

それはさておき、〈吉祥寺音楽祭〉は、手探りで準備が進められました。プロは誰もいない、街の人たちによる自力イベントです。「ぐゎらん堂」（その頃は閉店していました）の村瀬さんと組んで、ちょうど工事中だった駅前広場に仮設のやぐらを組みステージにしました。

誰かの伝手《つて》でゲストに呼んだのは、ジャズ・シンガーのマーサ三宅さんでした。歌手生活三〇年を超える大御所に、まだ整備もされていない駅前の仮設ステージで歌っていただくのは、まことに申し訳ないことでした。
イベントにまだ不慣れな時代だったとはいえ、これが昭和六一年の第一回。今も続く〈吉祥寺音楽祭〉は、このようなスタートを切ったのです。

平成に入ったばかりの頃でしたか、吉祥寺の夏祭りに何かアイディアを出せ、と言われた私は、以前、〈バウス寄席〉に来ていただいた毒蝮三太夫さんのことを思い出しました。

いただいた名刺を頼りに出演を依頼し、スケジュールを調整して来ていただきました。テレビやラジオで大人気のタレントですから、祭りは大いに盛り上がりました。

その頃、夏祭りでは、各店舗が供出した商品のワゴン販売もしていました。ところが、祭りが終わりかけているのに、売れ残りが少なくありません。それを見た毒蝮さんはマイク片手に、たたき売り芸まで披露してくださいました。

すべて終了したあと、毒蝮さんから叱られました。

「販売のイベントがあるなら、先に言ってくれよ。それならそれで、読売巨人軍のグッズとか、知り合いの役者や芸人からの商品なんかも出させられたのに。イベントには準備が肝心なんだよ！」

いやぁ、もう、ごもっとも。私たちは平身低頭です。

「じゃ、お説教はここまで。ちょっと、つきあいなさいよ」

そう言って私をはじめとした祭りの関係者を、吉祥寺駅の南にあった「サロン・ド・シャンソン　レッド」という店に連れて行ってくださいました。

「え、シャンソン？　毒蝮さんとシャンソンとは予想外の組み合わせだ……」

きょとんとする私に、

「吉祥寺で育ったくせに、『レッド』を知らないなんて、もぐりだなぁ」

レッドのママ（経営者）は北桂子さん。元は北野八代子という女優さんで、毒蝮さんと同様東宝の第一期ニューフェイスと聞いて、驚きました。毒蝮さんがもともとは俳優だったことは、ご存知の方も多いでしょう。若い頃は石井伊吉の芸名で、よく映画やテレビに出演していました。かの「ウルトラマン」でも活躍していましたよね。

ともあれ、こうして私も「レッド」の客となり、毒蝮さんとも親しくなりました。

毒蝮さんは「レッド」の常連で、店に来られて飲んだり歌ったりしていると、北さんから「毒蝮さんが来てますよ」と、よく電話で呼び出されました。

そんなある日のことでした。神妙な顔つきをした毒蝮さんが、改まった様子で、

「頼みがあるんだよ。映画館を一週間空けてくれないか」

と、おっしゃるのです。

「オレもママ（北桂子さん）も、谷口千吉《せんきち》監督にはとてもお世話になったんだ。最近は新作も撮れなくて元気がない。そんな監督をなんとか応援したい。どうだろう、おたくの映画館で〈谷口千吉特集〉をやってくれないか」

毒蝮さんのたっての希望です。が、興行としてどうだろう、という思いも正直ありました。谷口監督といえば、黒澤明監督の二歳下です。もう若い人は誰も、谷口監督の名前を知りません。それに、谷口監督は東宝の人ですが、バウスは東宝の封切館ではないので、東宝とはあまりつながりがなく、作品集めが大変です。

それで一度は断ったのですが、毒蝮さんは、

「いや、作品はオレが集める。ゲストもオレが交渉するから」

とおっしゃる。北さんには監督の成城のご自宅に無理やり連れて行かれ、監督にご挨拶させられる、といった具合です。

そこで、まずは代表作の「ジャコ萬と鉄」（昭和二四年）を、平成六（一九九四）年一〇月二一日に一日だけ「バウスシアター1」にかけました。

脚本は黒澤明。主演は三船敏郎。舞台は北海道のニシン漁場。若き日の父があやうく出稼ぎに行こうとした蟹工船のことを思い出して、何やら奇妙な縁も感じました。

一日だけの上映ではありましたが、客の入りを見て、往年の名作ファンもこの吉祥寺にいることがわかりました。

〈娯楽王の真髄　巨人谷口千吉映画祭〉のチラシ

準備を整え映画祭を敢行したのは平成八（一九九六）年五月、「ジャヴ50」を改築した「バウスシアター2」での上映です。〈娯楽王の真髄　巨人谷口千吉映画祭〉と題したこの映画祭では、「銀嶺の果て」（昭和二二年）という三船敏郎の初主演作も上映しました。この作品は山岳映画なので、山に登っての撮影です。まだ役者の自覚がなかったのか、実家が写真館だったからなのか、三船さんはカメラを担いで山に登り、谷口監督に「役者がカメラを担ぐな!」とどなられた、というエピソードが残っています。

映画祭のラインナップは、「ジャコ萬と鉄」「銀嶺の果て」のほか、昭和二〇年代の「暁の脱走」(二五年)や「潮騒《しおさい》」(二九年)、昭和三〇年代の「33号車応答なし」(三〇年)、「不良少年」(三一年)、「乱菊物語」(三一年)、「裸足の青春」(三一年)、「遥かなる男」(三二年)、「最後の脱走」(三二年)、「男対男」(三五年)、「紅の海《くれない》」(三六年)、「やま猫作戦」(三七年)、「独立機関銃隊未だ射撃中」(三八年)というものでした。ちなみに、毒蝮さんと北桂子さんは、「潮騒」と「不良少年」で共演しています。

谷口千吉監督も来館してくださいました。「乱菊物語」「33号車応答なし」「遥かなる男」で主演した池部良《りょう》さんも来てくださいました。歳を取られてもダンディーでしたね。

「男対男」「紅の海」に出演した星由里子さんも、舞台挨拶をしてくださいました。

私と年齢はほとんど変わらないのですが、グリーンのミニスカート姿に驚くと同時に、「美しい人はいつまでも美しいものだ」と感心しました。

このほか、司葉子さんや宝田明さんも、舞台挨拶をしてくださいました。

企画こそ命

独立系の映画館ですから、どのような作品を集め、どうやって宣伝するか、企画に知恵を絞る格闘の日々でした。

後年は、都心の大きなロードショー館でなくても、監督や主演俳優の舞台挨拶、トークショーといったものが珍しくなくなりましたが、その手のイベントの先駆けもバウスであったと思います。

もちろん、舞台に立ってくださるのは、（谷口監督特集で毒蝮さんのお世話になったときを除いて）どちらかというと、知る人ぞ知る方々です。

始まりは、昭和六二（一九八七）年の秋に開催した〈デレク・ジャーマン・フィルム・コレクション〉でした。

デレク・ジャーマン監督は、一九四二年生まれのイギリス人前衛アーティストです。彼の「エンジェリック・カンヴァセーション」(一九八五年)を日本に輸入したのは浅井隆さんでした。浅井さんは、この映画の配給を機に、「アップリンク」という会社を設立します。

浅井さんはそれまで、寺山修司主宰の劇団「天井桟敷《さじき》」の舞台監督をされていて、その公演旅行でニューヨークやロンドンなどを訪れ、最先端のカルチャーの息吹を感じてこられたようでした。デレク・ジャーマンは、日本ではメジャーとは言えませんが、ロンドンのアートシーンや若者文化に詳しい日本人には、よく知られていました。

まだ映画業界に一歩を踏み出したばかりのアップリンクと、ほかの映画館ではできない企画を探していたバウスが出会い、誕生したのがこの特集でした。監督と、監督の「カラヴァッジオ」(一九八六年)に出演した女優のティルダ・スウィントンが来日し、「バウスシアター1」の舞台に立ったときには、開場と同時に女子高校生たちがなだれ込んできました。

その後、監督などによるトークやティーチ・インは、「バウスシアター」の売り物の一つになりました。舞台が低く観客席に近いというのも、お客様にはよかったのではないかと思います。国内外の数々の監督・出演者に来ていただきました。

渋谷のユーロスペースの堀越さんと「ロードショーをぶっとばせ、みたいな映画をやりましょう」と盛り上がり、ユーロスペースと同時封切で、ニューヨーク・インディーズ派のジョン・セイルズ監督の「ブラザー・フロム・アナザー・プラネット」(一九八四年)を上映したこともあります。昭和六三年には、「ジャヴ50」で〈ジョン・セイルズ監督特集〉も行ないました。

このほか、昭和五二年から自主製作映画の発掘も手がけていた「ぴあ」とも、たびたびイベントを共催しました。〈ぴあフィルムフェスティバル〉(PFF)関連の特集や、〈オランダ映画祭〉(平成元年)、〈UK90 ブリティッシュ・フィルム・フェスティバル〉(平成二年)、〈カナディアン・シネマ・ウィーク〉(平成三年)、〈大インド映画祭〉(昭和六三年)などです。

武蔵野市長の肝いりで〈アフリカ映画祭〉を開催したこともあります。ちょうど市がアフリカ観光を推進する事業をしていた関係で、是非に、と言われて受けたのですが、企画を推進していたのがかなり信頼のおけない人で、苦い思い出となりました。

昭和の終わり頃というのは、レンタルビデオの興隆もあって、全体としてみれば映画の興行自体は低調でしたが、ミニシアターもたくさんでき、インディーズ系と呼ばれる映画が注目された時代でもありました。外国映画を輸入する会社も、大手から小さな会社まで、五〇社近くに増えていました。

ロードショー館の約束を破られたがゆえという、マイナスのきっかけではありましたが、「バウスタウンに行けば何か面白いことがある」というイメージは、街に定着しつつあったと思います。しかし、営業面では苦戦続きであったのも事実です。

特に演劇の公演が、あまり芳しくありませんでした。下北沢のように、演劇ファンが群がり集まる、といった具合にはなかなかならず、劇団からの公演の申し出も減って行きました。

営業面からすると、二つの劇場のうち一つには、収入が安定するような手立てが必要です。それには、どこか大手と組むことも考えねばなりませんが、「吉祥寺ムサシノ映画」時代、ロードショー館にする運動に失敗したつらい思い出もあります。あれこれ悩んでいたとき、常連客のお一人の吉野さんが、「それなら、ご紹介したい人がいる」とおっしゃり、東急レクリエーションの会田郁雄さんとの会食を設定してくださいました。

私としては、以前の失敗経験があるので、あまり期待はしていなかったのですが、

「なかなかロードショー館になれなくて」

と言った私に、会田さんは、

「うちのチェーンに入ればいいじゃないですか」

と、簡単におっしゃったのです。

会田さんは、元は証券会社におられ、映画業界の古い体質を持っていない方でした。東急レクリエーションといえば、「丸の内ルーブル」「渋谷パンテオン」「新宿ミラノ」(私たちは、それぞれの頭文字を取って「ル・パ・ミ」と呼んでいました)という巨大映画館群を持つ会社です。そこでかける作品が「バウスシアター」にも流れてくれ

ば……。

私は喜び勇んで兄に報告しました。けれど、兄は当初あまり乗り気ではありませんでした。

しかし、私の現状分析は「背に腹は代えられない」です。

「生き残るためには、ロードショー館の系列としての安定した興行収入も必要だよ」

そう説得し続け、平成七（一九九五）年に東急レクリエーションの系列に加わりました。

おかげでこの年、「バットマン　フォーエヴァー」（ジョエル・シュマッカー監督／一九九五年）や「マディソン郡の橋」（クリント・イーストウッド監督／一九九五年）を「バウスシアター1」にかけることができました。

そのとき映画館の入り口で、あるお客さんから、

「おたくも、いい映画をかけるようになったたね」

と言われたのですが、これには非常に複雑な気持ちでした。

その二年後の平成九年のことです。

お盆の頃で、妻と私は、妻の実家のある秋田へ行く準備をしていたのですが、甥（兄の長男）から携帯に電話がかかってきました。兄が倒れたというのです。あわてて兄の家にかけつけましたが、間に合いませんでした。母と同じ脳溢血でした。まだ五〇代半ば。母から受け継いだ体質もあったのでしょうか。

甥の話によると、家でも兄は「そのうち劇場がつぶれるかもしれない」と、心を悩ませていたといいます。

仕事場で兄がそんなことを口にしても、私は根が楽観的なせいか、

「大丈夫だよ、どうにかなるから。どうにかしよう！」

と、言葉を返していました。心配しなくていいよ、と言ったつもりでしたが、それは兄の心のなぐさめにはなっていなかったのでしょうね。

もう、何が何だかわからなくなってしまうほど、大きなショックを受けました。

映画館の仕事や街の活動に没頭していなければ、その苦しさからは逃れることができませんでした。

三劇場体制へ

兄の死のショックに首をうなだれていたとき、悪いことが重なりました。

ファミリーレストランと入れ替わって営業していたテナントのインド料理店から、「ここを出たい」という申し出があったのです。そうなると、敷金を返さなくてはなりません。

資金繰りはかなり厳しい状況でしたが、私は努めてプラスに考えることにしました。むしろこれを乗り越えよう、守りに入らず攻めに出ようと。そして、テナントが出て行くスペースを三つ目の劇場にすることにしました。

「ええい、こうなったら弔《とむら》い合戦だ！」

誰と闘っているのかと聞かれれば、「弱気になっている自分と」と答えたでしょう。

もともと「バウスタウン」を建てたときから、アメリカで見た複合映画館を意識していました。しかし、私が考えていたのは、大手興行会社の、いわゆる「シネコン」（シネマ・コンプレックス）とは違います。

神奈川県海老名《えびな》市に、七スクリーンを持つ「ワーナー・マイカル・シネマズ海老名」ができたのは平成五（一九九三）年のことでした。これが日本のシネコンのスタートです。ここからシネコンの大増殖が始まったわけですが、私には、シネコンは「経済効率を最優先する施設」に見えます。それが悪いなどとは言いませんが、それを「映画館」と呼んでいいのかについては疑問です。

映画館育ちの映画館屋《かつどうや》を自負する私などは、ついこう思ってしまうのです。利益はもちろん大切だけど、映画館は、映画のために、街のためにありたい、と。

テナントの店舗をなくしたので、「バウスタウン」から「バウスシアター」に名を改めました。そして、「シアター1」は二二〇席のロードショー館、「シアター2（ジャヴ）」は五〇席の趣味嗜好性の強い劇場、新たに生まれた「シアター3」は一〇〇席のミニシアター、という構成にしました。

こうすれば、東急レクリエーション系列から配給されるロードショー映画も上映できるし、それまでのミニシアター的活動や音楽公演もできます。

各劇場は色分けしました。「シアター1」は赤、「2」は黄、「3」は緑とし、椅子をそれぞれの色で統一しました。入り口に「1は赤、2は黄、3は緑」を表示する丸い柱も建てました。実はこの三色、一九三〇年代のジャマイカの宗教的思想運動に由来するラスタカラーなのです。ラスタカラーといえばレゲエ。それで、レゲエで映画の上映もライヴも行ないました。このときは劇場がダンスホールになってしまいました。

新たな設備としては、一部ではありますが、ペアシートも導入しました。

この三館体制が整ったのは平成一二年のことですが、それからは、それまで兄と二人でしていた仕事を、すべて一人でこなさなくてはならなくなりました。

それまでも、ユーロスペースやアップリンクといった配給会社の人たちや、「ぴあ」の人たちなど、さまざまな人の知恵と知識を借りて上映作品を決めてきました。映画館のスタッフの力も、大いに活用させてもらってきました。しかしこのときから、ロードショー映画以外のプログラムについては、映画館のスタッフに任せよう、と決めました。

既に私も五〇代、これからの時代にどんな作品が求められているのかを感知する力は、残念ながら、かなり衰えているようです。興行勘には自信がなくはないのですが、時代は、以前よりもさらにめまぐるしく変化しています。

芸術家肌だった兄のおかげでしょうか、うちで働き続けてくれているスタッフは、みなアンテナが敏感で、これは有り難いことでした。

これまでの特集上映に加え、石井聰亙、黒沢清、園子温《そのしおん》、篠崎誠といった、頑張っている日本人若手監督の特集なども、スタッフが組んでくれるようになりました。こうした特集では、監督たちにも舞台挨拶をお願いしました。

そうした中で生まれたのが〈爆音上映〉でした。平成一六年五月に、映画・音楽評論家の樋口泰人さんのお力を得て開催した〈爆音上映オールナイト〉が、そのスタートだったように思います。バウスが持っているライヴ用の巨大スピーカーを使った上映企画です。これはついに〈爆音映画祭〉という映画祭にまで発展し、「バウスシアター」の名物となりました。

新企画はスタッフに任せる一方で、またもや悩ましい問題が二つ起こりました。

一つは、平成一七年、近隣の府中にシネコンの「ＴＯＨＯシネマズ府中」ができ、営業成績ががっくりと落ちたこと、もう一つは、映画上映のデジタル化が進んできたことです。

シネコンが増えるにつれ、これまでのフィルム上映に代わり、デジタル上映が主流になって行きました。とはいえ、デジタルで上映するには、データを読み込む新たな機械が必要です。具体的には、専用のサーバーとデジタル映写機を買わなくてはなりません。私たちも、複数の会社のシステムを検討し、機器を作っている工場見学までしましたが、設備更新には、およそ一劇場につき一〇〇〇万円はかかります。私たちのような小さな映画館では、賄い切れない大きな負担です。こうした動きは配給側の都合ではないのかと、言うに言えぬ怒りさえ感じました。

しかし、時代の流れにはあらがえません。平成二二年には「シアター1」と「シアター3」をデジタル上映方式に変えました。ただし「シアター2」には、フィルム上映ができる映写機を残しました。フィルムの時代の育ちですから、完全になくすことはどうしてもできなかったのです。

このデジタル化の流れの中で、その投資ができず閉館してしまった小さな映画館がたくさんありました。

映写室は映画館の心臓だと思ってきました。前にも書きましたが、映写室に入ると、ダッダッダッダッダッとフィルムが回る音が聞こえます。それはあたかも鼓動のようでした。

その数年前に、映写技師の遠藤さんも引退されていました。すべての機器をピカピカになるまで磨き上げ、着いたばかりのフィルムを点検する試写でも、決して手を抜くことなく、夜中まで仕事していた姿を思い出します。デジタル上映で、映画館屋《かつどうや》の活躍する場がまた一つ減ったな、と感じました。

そういえば、うれしいことに引退前に、あるテレビ局が遠藤さんの特番を組んでくれました。プロの映写技師とはどういうものかを描いた番組でした。

イベントの街・吉祥寺

三〇代の頃から公園通り商店会に参加したことは、前に記しました。当初は「戸惑いながら」でしたが、それでも、吉祥寺を元気にする活動には、頑張っていろいろと参加してきました。

マーサ三宅さんに来ていただいて始まった〈吉祥寺音楽祭〉は、今では「吉音《きちおん》」という愛称で呼ばれ、平成三〇（二〇一八）年には、第三三回を迎えました。

「バウスシアター1」も、第四回（平成元年）と第五回（平成二年）に、その会場になっています。第四回は、ロックの遠藤賢司さんや宇崎竜童さん、ジャズの橋本一子さん、フォークのみなみらんぼうさんなど、幅広い音楽ジャンルのミュージシャンが出演してくださいました。翌年の第五回はジャズにジャンルを絞り、ジャズコンテストが開催されました。第四期の音楽祭会長をおおせつかったこともあります。

「バウスシアター1」で〈武蔵野フォークジャンボリー〉という公演が行なわれたことがあり、そこで知り合いになったフォーク関係の方々に〈吉祥寺音楽祭〉への出演交渉をしたこともあります。高田渡さんなどが音楽祭で歌ってくださいました。

高田さんはその後も、「バウスシアター1」でコンサートをしてくださいました。高田さんはいつも、ステージに上がる直前まで焼き鳥店「いせや」で飲んで、ほろ酔いでした。

ある音楽イベントで泉谷しげるさんをゲストに招いたときには、彼の芸風であろうかとは思いますが関係者に礼を失した行動があり、苦言を呈したことがあります。談志師匠のときもそうでしたが、私には、思わず知らず言いたいことを言ってしまう癖があるようです。

各ジャンルの音楽の専門家が多い吉祥寺ですから、プロからあれこれと叱られもし、吉祥寺はどんな音楽の街か、という難問を論じ合ったりもしました。

吉祥寺には、学生さんもいれば、親子連れのファミリーもいます。電車に乗って遊びに来てくださる方々もいます。〈吉音〉は、そうした人たちに楽しんでいただきたいと試行錯誤を繰り返した末、現在のように広範囲で、さまざまな音楽が楽しめるお祭りに成長してきたのです。

公園通り商店会では、やがて副会長に推され、五〇代には、しぶしぶではあったのですが二期四年間、会長職を務めました。本当は、私より先輩の副会長が会長を継ぐはずだったのですが、一〇年ほど在任してこられた会長がいよいよ引退となったとき、その本命の方が、消防団の長もしており兼務は難しい、と固辞されたため、やむなく私が〝中継ぎ〟の会長となったのです。

この会長時代で思い出すのは、通りの街路灯を新しくしたことでした。名古屋の街路灯の工場まで視察に出かけて検討を重ね、せっかく井の頭公園に通じる道なのだからと、街路灯のデザインを樹木をモチーフにしたものにしました。街路灯ひとつ改修するのも、電力会社と折衝するなど、なかなかに大変なことだ、と実感しました。

吉祥寺周辺の商工会や商店会、大型店舗や鉄道会社、役所の人も加わって、「吉祥寺活性化協議会」というのを発足させたのは平成三(一九九一)年です。ここで、平成一一年に吉祥寺駅が一〇〇周年を迎えるのを記念する、企画の相談が行なわれました。

「バウスシアター」では、チェコ、ソビエト(当時)、中国などの海外のアニメーション映画を集めた〈アニメーション・フェスティバル〉を開催してきましたが、考えてみれば、吉祥寺には漫画家の方やアニメーションの作家の方もたくさん住んでおられます。アニメの製作会社もあります。このことは、まさしく吉祥寺の特長のひとつです。

それで、秋に〈吉祥寺アニメワンダーランド〉というイベントが企画されました。吉祥寺在住の原哲夫さん、水島新司さん、江口寿史《ひさし》さん、大友克洋さん、一条ゆかりさん、大島弓子さん、高田明美さん、土田世紀さん、藤沢とおるさん、美内《みうち》すずえさんといった漫画家さんたちに絵を提供していただき、イオカード&ふみカードを発行するというものです。

ここまではよかったのですが、商店会の若手が企画した〈キャラクターワンダーランドパレード〉というアニメファンによる駅前仮装パレードには、味噌がつきました。当時はまだ、今ほどアニメファンの仮装が社会的に認められておらず、「なんだか怪しい若者のパレードだった」などと、不満をもらす方々がいたのです。

そのため、〈吉祥寺アニメワンダーランド〉という企画自体は、平成三〇年に第二〇回を迎えるなど、長く続くイベントとして定着したのですが、パレードは一回きりで終わってしまいました。

その後も、イベントをより良いものにするため、商工会議所観光委員会の委員長として福井県敦賀市に行き、駅前にある、松本零士《れいじ》さんの「銀河鉄道９９９《スリーナイン》」や「宇宙戦艦ヤマト」にまつわるブロンズ像が設置されたシンボルロードを視察して、地元の商店の方々にお話を伺ったりしました。当初こそ話題になり「聖地巡礼」と称してファンがたくさん訪れもするが、その人気を継続させるのはなかなかに難しい、といった実情も知ることができました。こうした活動も、イベントを定着させる一つの力となったのではないかと思います。

吉祥寺は住民たちの努力で、春の音楽祭、夏の盆踊り、秋のアニメその他と、季節ごとに大きなイベントが開催できる街になって行ったのだと思います。

6

吉祥寺らしさを忘れるなかれ

——個性派映画館のたたみ方、映画的な別れ

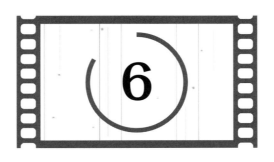

けじめをつける

映画が元気いっぱいだった昭和三〇年代前半、吉祥寺には映画館が九館ありました。テレビが登場し、娯楽が多様化した以後はどうでしょう。

「吉祥寺ムサシノ映画」（旧武蔵野映画劇場）が「バウスタウン」として生まれ変わった時点（昭和五九年）で、吉祥寺の映画館は、バウスの二つのスクリーンの他、六館ありました。

平成一二（二〇〇〇）年、「吉祥寺ピカデリー」（名前は途中でいろいろと変わりました）が二〇年の歴史を閉じました。その一二年後には、吉祥寺東亜会館内の四つの映画館が「吉祥寺オデヲン」となり、スクリーンが三つになりました。「バウスシアター」も三スクリーンに増えていたので、この時点（平成二四年）で吉祥寺には、「吉祥寺オデヲン」の三つと「バウスシアター」の三つと、「吉祥寺プラザ」の、合計七つの映画館があったことになります。

劇場数こそ戦後すぐの全盛期と比べて二つ減っただけですが、収容する席数は半分以下と大幅に減っています。

隣の駅にも目を向けると、東の西荻には「シネマ西荻」「西荻館（後の西荻東映）」「西荻セントラル」「西荻銀星座」「西荻名画座」がありましたが、昭和が終わる頃までにすべてなくなりました。西隣の三鷹にも「三鷹文化」と老舗の「三鷹オスカー」（三鷹映画劇場→三鷹大映→三鷹東映→三鷹オスカー）の二館がありましたが、「三鷹オスカー」が平成二年に閉館したのを最後に、常設の映画館は三鷹駅周辺からなくなりました。

言うまでもなく、今やシネコンの時代です。よく立川のシネコンを見に行きますが、その巨大さは、船好きの私から言わせれば〝航空母艦〟です。私たちのような独立した街の映画館は、その周りを航行する小さな〝駆逐艦〟ですね。

たとえそんな〝駆逐艦〟であっても、機動性を活かし、大きな会社では上映しない秀作をかけることで生き残る道はありました。それがミニシアターでした。

しかしシネコンは、そうしたミニシアターでかかっていたような映画も、「儲かる」となれば、どんどん〝駆逐艦〟から取り上げて行きます。

そんな激流の中で、吉祥寺という街の面白さのひとつでありたいと、私なりの格闘を続けてきました。が、その私も還暦を越し、次の一手が見えなくなりました。

前にも書いたように、「独力で買い付けができないだろうか」との思いがあって、まずは二〇代後半に海外の映画祭に出かけ、その後も「興行勘を養う」目的もあって、アメリカ西海岸を中心に、何度も映画マーケットに足を運びました。

平成一八年、北海道夕張市の財政破綻で、それまで頑張って続けてきた〈ゆうばり国際ファンタスティック映画祭〉が中止に追い込まれましたが、北海道出身の映画評論家・品田雄吉さんなどの尽力もあり、市民の力で平成二〇年から映画祭が復活しました。私は、東急レクリエーションの会田さんに誘われて、この復活後の映画祭に出かけるようになりました。市民がボランティアをしたり、炊き出しでもてなしたりで、いつも温かい気持ちになれる映画祭です。

岡本喜八監督の奥様で、脚本家でもある中みね子さんとも、この映画祭でお会いしました。

既に七〇歳を越えておられたのに、

「私は、これから映画を作るのよ。仲代と八千草を出すのよ！」

とおっしゃったのには驚かされました。年齢をまるで感じさせないお元気さに加え、仲代達矢さんを「仲代」、八千草薫さんを「八千草」と呼び捨てにするそのパワフルさには脱帽しました。岡本監督も夫人の中さんも、仲代さんや八千草さんとは、呼び捨てにするような仲だったんですね。

その映画は「ゆずり葉の頃」という作品で、平成二七年に完成、公開され、第三六回モスクワ映画際でも絶賛されたそうです。脚本・監督は中さん、主演は八千草さんと仲代さん。ちなみに、八千草さんは、「バウスシアター」で映画祭をさせていただいた谷口千吉監督夫人です。

七〇歳の誕生日を迎えた平成二六年二月、私は「バウスシアター」の閉館を発表しました。「バウスタウン」を建ててからちょうど三〇年という区切りでもありました。その三年前の平成二三年三月一一日の大地震のとき、「シアター1」の天井の防音材がはがれ、客席にいた子供連れのご婦人のそばに落下しました。幸いお怪我はなかったのですが、女性はショックを受け、安全対策に厳しい苦言を呈されました。ご自宅に二、三度お詫びにうかがい、友人の建築業者に天井に網を張ってもらいました。このように、建物が老朽化し、今の人が求める良好な視聴環境を保つことができなくなっていたのです。

興行収入もジリ貧の中、新たな映画館・劇場を建てるには、私は年齢的にも難しくなっていました。会社を手伝ってくれている長男には、彼なりの考え方があるでしょう。兄の早すぎる死の原因の一つは、映画館を守らねばならないという長男だったがゆえのプレッシャーだった、と考えている私には、息子に無理強いはできません。

「バウスシアター」閉館の発表時には、あまりにも個人的なことなので誰にも言いませんでしたが、私には、閉館するもうひとつ別の理由がありました。それは、平成一九年に長女に先立たれたことでした。

幼い頃から快活で、自分が決めたことは絶対にやり通す娘でした。高校はアメリカに留学すると言い、見事実現させました。出発のときは、私も見送りがてら、ノコノコとアメリカ東海岸までついて行きました。そのままアメリカの大学に進学しました。その大学生時代には、映画祭で訪れた私がラスベガスから呼び出すと、「私は通訳じゃないんだからね」と言いながらも、訪ねてきてくれました。あれこれ楽しい父娘旅《おやこたび》であったことが思い出されます。娘は、自分がなろうと決めていた仕事につきました。キャビン・アテンダントです。そんな希望の職につきながら、悪性リンパ腫という病に倒れました。

生母、父、上の姉、兄、そして娘までをも見送ることになりました。

みんな早くにこの世を去る。これが我が家の運命なのか。何のためにここまで頑張ってきたのだろう――。

「いや大丈夫だよ、どうにかなるから。どうにかしよう！」

そんなふうに自分に言い聞かせ、逆風を乗り越えてきましたが、娘の死という大波をかぶって、さすが楽観的な私も、戦意を喪失したというのが正直なところです。

妻の美栄子は、私よりさらに落ち込んでいました。映画館というのは三六五日休みなし。正月もクリスマスも、私は家にいません。そんな中、私を支え、子供たちを育ててくれたのですから、妻には本当に申しわけなく、感謝の言葉しかありません。

閉館を決めたあと、多くの方々から温かい声をかけていただきました。

最後は、〈さよならバウスシアター、最後の宴〉という上映・ライヴ公演で締めくくっていただきました。

吉祥寺のスクリーンが三つ減ります。吉祥寺で映画とともに歩んできた私には、とてもつらい決断でしたが、新たに映画館がオープンするという話も出てきていたので、次の世代にバトンを渡すつもりで決めました。

映画「PARKS　パークス」

私は、吉祥寺活性化協議会の会長もし、のちには顧問にもなりました。平成二九（二〇一七）年に井の頭公園が一〇〇周年を迎えるに当たり、活性化協議会ではその数年前から記念企画を考える会議を開きました。

顧問として出席した会議では、出てくる意見がどこかこぢんまりとしている。失礼ながらありきたりで、吉祥寺らしさに欠けていました。

映画館を閉館した私が言うのもおかしいのですが、街には何かしら文化が必要です。私が言う文化とは、さほど高尚なものではありません。いつも冗談っぽく言っているのですが、私には「障子《しょうじ》に指で穴を開け、中をのぞき見るのだって文化」なのです。

文化論はともかくとして、常に吉祥寺らしさを求め続けて行かなければ、どこにでもある金太郎飴のような街になってしまうでしょう。

吉祥寺が金太郎飴にならずに済んだ理由のひとつは、武蔵野市と三鷹市にまたがって広がる井の頭公園です。「井の頭公園に行く」と言うとき、誰もが吉祥寺の街も頭に思い浮かべるのではないでしょうか。吉祥寺は〝公園の街〟でもあるのです。

一〇〇周年企画として、公園の写真集を出すことが一つ決まりましたが、もっと面白いことはないだろうかと考えた瞬間、

「幅広い人に公園の素晴らしさが伝わる映画とかね」

と口にしていました。

「じゃあ、本田さん、映画を作ってくださいよ」

こうしたやりとりがきっかけで、〈井の頭恩賜公園一〇〇年実行委員会一〇〇年事業企画〉の一つとして、井の頭公園をテーマにした映画を作ることになりました。製作費は、私がバウスをやめたときの退職金でまかないました。だから、企画・製作は私。私が自分で作った映画です。

ゆうばり映画祭で中みね子さんに会い、「ゆずり葉の頃」を作るパワーに感じ入ったことも、影響していたかもしれません。

閉館の事後処理も落ち着いた平成二八年、映画製作のために株式会社本田プロモーションBAUSを立ち上げました。

「バウスシアター」での〈爆音上映〉でお世話になった樋口泰人さんにゼネラルプロデューサーをお願いし、監督候補を探していただきました。そして、学生時代に「バウスシアター」に通ってくれていたという、若手の瀬田なつきさんが、脚本を書き、監督もしてくださることになりました。樋口さんには配給・宣伝も担当していただきました。

キャスティングを担当したもう一人のプロデューサー、松田広子さんは、以前お世話になったATGの元社長、佐々木史朗さんの会社「オフィス・シロウズ」のメンバーで、本書の「幕開け」で紹介した本『吉祥寺バウスシアター　映画から船出した映画館』をまとめてくださった方です。

瀬田さんがシナリオを書く際には、一緒に吉祥寺をめぐり、吉祥寺ガイド本には載っていない吉祥寺の魅力をお伝えしました。また、これまでかかわってきた〈吉祥寺音楽祭〉などの街のイベントについても、失敗談を含めお話ししました。

また、井の頭公園の四季のすばらしさも描いてほしい、とリクエストしました。井の頭公園は四季ごとに美しく、訪れる人を癒やしてくれます。母、濱が亡くなった日の公園の風景は、今も私の目に焼き付いています。井の頭公園は吉祥寺に暮らす人たちにとって、温かく穏やかに包み込んでくれる、母親のふところのような存在なのです。

そうして出来上がった映画が「ＰＡＲＫＳ　パークス」です。

主人公の純を演じてくださった橋本愛さんは、「桐島、部活やめるってよ」（吉田大八監督／平成二四年）で数々の新人賞を受賞した方です。高校生のハル役の永野芽郁《めい》さんは、この吉祥寺が地元で、サンロードでスカウトされたことがきっかけで芸能界入りしたという、まさにぴったりの配役。二人にからむ若者役の染谷《そめたに》将太さんも、あの若さで信じられないくらいの多くの映画に出演し、数々の賞を取っています。三人ともよくバウスに来られていたそうです。

吉祥寺在住の佐野史郎さんも、大学教授の役で出演してくださいました。佐野さんには、ライヴやアニメの審査員としてもお世話になっていました。

この映画は平成二九年四月、「テアトル新宿」他で公開されましたが、その一か月後、驚きの発表がありました。永野芽郁さんが、ＮＨＫの朝のテレビ小説「半分、青い。」のヒロインに決まったというのです。

ご縁があった永野さんが主演しているので、毎朝見ていましたが、「ＰＡＲＫＳパークス」で永野さんの父親の昔の恋人を演じた石橋静河《しずか》さんも、このテレビドラマに登場したのには驚きました。

ご縁があって映画に参加してくださった若い人たちが、さらに活躍して行く姿を見るのは楽しいものです。

私は、長年映画を上映する仕事に携わってきましたが、今回は、製作という面でも、多少の貢献はできたのではないか、と自負しています。

また、この映画で井の頭公園の魅力がさらに広く伝わり、吉祥寺に足を運びたくなる人が増えてくれることを願っています。


吉祥寺に文化を！　吉祥寺に娯楽を！

それが「井の頭会館」設立に込められた願いでした。

その願いに、父も兄も私も、なんとか応えようと格闘してきました。決して全部がうまくいったわけではないけれど、誠意を持って格闘してきたことだけは、自信をもって言えます。

前に私は、「忠臣蔵」の「忠」という文字が好きだ、と記しました。私にとっての「忠」は、吉祥寺という街への「忠」であったような気がします。

エンディング――この街にもっと文化を、エンターテインメントの力を

当初は、「PARKS　パークス」の完成でこの本を終える予定でした。「バウスシアター」のルーツである「井の頭会館」を創設した精神を、きちんと後の人たちにも伝えたいと思い、書き進めた本ですが、現在進行中の井の頭会館ビル改築の顚末もまた、不思議な運命に引き寄せられるような体験だったので、最後の付け足しとして記録しておこうと思います。

昭和三六（一九六一）年に「井の頭会館」を吉祥寺で初めてのテナントビルに改築したことは、すでに記しました。最初は長崎屋という大型衣料品店、次いで銀行の支

店、銀行が撤退した後はシダックスという大手のカラオケ店が、メインのテナントとして入っていました。昨年（二〇一七年）末、急に、そのシダックスから「ビルを出る」と言われました。

井の頭会館ビルはこれまで、何度か改修の手は入れましたが、大規模な建て替えはせずに来ていました。それで、新たなテナントを探すという方法もありましたが、これを機に、建て替えを検討することにしました。他のテナントさんたちにも、時期を見て出ていただくことをお願いし、ご了承いただきました。

ところが、建物が面している公園通りは、緊急避難道路として指定されていて、大変厳しい耐震基準を満たさなくては、建て替えができないことがわかってきました。基準を満たそうとすると、予定をはるかに超えるお金がかかります。

井の頭会館は株式会社です。株主はいずれも、「吉祥寺に娯楽施設を」という思いから出資してくださった方々や、そのご子孫です。吉祥寺から出て行ってしまわれた方もいますが、毎年配当を渡し、株主総会も開いています。それで、このことで臨時の株主総会を開きました。

総会で討議した結果、井の頭会館ビルは、規模を縮小して別の場所に建てる、その資金は、今の土地の借地権を譲渡することで捻出する、という方向で話がまとまりました。借地権の譲渡については、地主さんの了承も得ました。

借地権の譲渡先は、この場所の意味、つまり「吉祥寺初の娯楽施設ができた場所」ということを理解してくださるところを、ひと苦労もふた苦労もして選びました。

六月頃に、ほぼすべてのテナントが撤退し、がらんどうのビルが残されました。

そんなある日、「PARKS　パークス」でお世話になった松田広子さんが、私を訪ねてこられました。映画を撮影する場所を探しているというのです。

「五億円のじんせい」というタイトル（現時点で仮）の映画で、〈NEW　CINEMA　PROJECT〉というコンテストで企画・脚本がグランプリを受賞し、製作されることになった、と聞きました。監督は若手の文晟豪《ムンソンホ》さん。幼少期に善意の募金の五億円によって難病から命を救われ、健康な高校生に育った青年が、周囲の目に苦悩し死を決意する、といった物語だそうです。

解体作業が始まるまではビルを使う予定はないので、映画製作に協力できるのはうれしいと、撮影場所の提供に応じました。もともと映画館であったところを映画製作の場にするのですから、感慨深いものがあります。

その際、映画スタッフとの世間話の中で、「井の頭会館」の歴史について話したところ、スタッフの一人だった藤原里歩さんが私の話に触発されて、短編映画にしたい、と思ってくださったのです。彼女からのこの映画化の申し出も、もちろんよろこんでお受けしました。

藤原さんは、立教大学映像身体学科を出た若手監督で、平成三〇（二〇一八）年の〈ゆうばり国際ファンタスティック映画祭〉にも「βカロテンはクズを救う。」という短編映画を出品しています。「井の頭会館」の歴史に着想を得た映画は「ブルー・キャット・ブルース」というタイトルで、まもなく完成するようです。

何だか不思議なことでつながるものだなぁ、と感じ入りました。

九〇年を超える時を刻んだ、街の娯楽の発祥のビルが、映画の製作で幕を閉じる――。まるで「井の頭会館」が、別れを惜しむ挨拶を送ってくれているかのようです。

「バウスシアター」を閉館したことで、吉祥寺から三つもスクリーンを減らしてしまった、個性的な映画館をなくしてしまった、という罪悪感は、アップリンクの浅井隆さんが、もう間もなく、いくらか薄めてくださるでしょう。浅井さんが、吉祥寺パルコの地下に、ミニシアターコンプレックス「パルコ&アップリンク吉祥寺」をオープンすることになったのです。肩の荷が下りた気分です。

来年（二〇一九年）、公園通り商店街は、八〇周年を迎えます。

この八〇周年のパーティーで私は、挨拶に代えて映画「ＰＡＲＫＳ　パークス」を上映してもらおうと考えています。

また、「アップリンク吉祥寺」では、「ＰＡＲＫＳ　パークス」に加え、短編映画「ブルー・キャット・ブルース」も上映してくれるよう、浅井さんにお願いしています。

井の頭会館ビルは、東京オリンピックの年くらいには、新たなビルに生まれ変わる予定です。

これからも、吉祥寺ならではの文化が、吉祥寺の人たちを楽しませ、暮らしを豊かにしてくれること、新しい形の個性ある映画館復活論議が始まることを期待しつつ、つたない筆をおきます。

蛇足ながら——

私の作った「つまらねえ吉祥寺よさようならだ。おもしろくいこうぜ」のコピーが表紙に載る『吉祥寺バウスシアター　映画から船出した映画館』も、本書と合わせご購入いただけると幸いです。

連絡先
本田プロモーションBAUS
㈱井の頭会館
〒180-0004
武蔵野市吉祥寺本町1-8-14
TEL 0422-22-2058

『吉祥寺バウスシアター　映画から船出した映画館』表紙

主な参考文献

◉単行本

『吉祥寺バウスシアター　映画から船出した映画館』ラスト・バウス実行委員会編／boid／2014年
『吉祥寺～まちづくりのあゆみ～』武蔵野市都市開発部／1992年
『増補版　日本映画史Ⅰ』佐藤忠男著／岩波書店／2006年
『増補版　日本映画史2』佐藤忠男著／岩波書店／2006年
『頗る非常！　怪人活弁士・駒田好洋の巡業奇聞』前川公美夫編著／新潮社／2008年
『続・昭和二十年東京地図――周縁のこと』西井一夫著／筑摩書房／1987年
『食と農の戦後史』岸康彦著／日本経済新聞社／1996年
『映画産業白書：わが国映画産業の現状と諸問題　昭和33年』通商産業省企業局商務課編／大蔵省印刷局／1959年
『映画産業白書：わが国映画産業の現状と諸問題　昭和37年』通商産業省企業局商務課編／尚文堂出版部／1963年
『戦後芸能史物語』朝日新聞学芸部編／朝日新聞社（朝日選書）／1987年
『偽りの民主主義　GHQ・映画・歌舞伎の戦後秘史』浜野保樹著／角川書店／2008年
『敗戦とハリウッド　占領下日本の文化再建』北村洋著／名古屋大学出版会／2014年
『キネマ旬報ベスト・テン90回全史　1924→2016』キネマ旬報社／2017年
『現代風俗史年表　昭和20年（1945）→昭和60年（1985）』世相風俗観察会編／河出書房新社

／1986年
『昭和の東京　映画は名画座』青木圭一郎著／ワイズ出版／2016年
『KUROSAWA　黒澤明と黒澤組、その映画的記憶、映画創造の記録　演出・録音・記録編』塩澤幸登著／茉莉花社／2005年
『映画館のある風景　昭和30年代盛り場風土記・関東篇』キネマ旬報社編／キネマ旬報社／2010年
『人世坐三十五年史　焼け跡から文芸坐まで』三浦大四郎編／人世坐／1983年
『映画館と観客の文化史』加藤幹郎著／中央公論新社（中公新書）／2006年
『映画館のまわし者　ある映写技術者のつぶやき』荒島晃宏著／近代映画社（SCREEN新書）／2011年
『スマホ捨て、映画館へ行こう　シネコンを凌ぐ魅惑の小屋たち』朝日新聞著／朝日新聞出版／2017年
「吉祥寺――転機に立つハモニカ横丁」井上健一郎著（『盛り場はヤミ市から生まれた』〔橋本健二、初田香成編著／青弓社／2013年〕所収）

◉雑誌

「事例特集　ザ・吉祥寺」（『商業界』1983年11月特大号）
『新建築』47－9号／1972年
「トーキョートミン街を行く　ヤング・タウン吉祥寺の実相」池田信一著（『月刊アドバタイジング』1978年4月号）
「全国の映画興行者に訴える」時実象平著（1958年の『キネマ旬報』〔201～203号〕に3回連載）

関連年表

和暦	西暦	本田家関連の出来事	社会の出来事（吉祥寺の話題には★印）
万治2	1659		★「明暦の大火」の被災者らが吉祥寺へ入植
明治22	1889		★近隣の村同士の合併で武蔵野村の一部に ・甲武鉄道、新宿～八王子間開通
32	1899		★甲武鉄道に吉祥寺駅開設
36	1903		・浅草に日本初の常設映画館ができる
39	1906		・甲武鉄道、国有化される
41	1908	父實男、生まれる	
大正1	1912	母濱、生まれる	
12	1923		★関東大震災後、吉祥寺村周辺の人口急増
13	1924		★成蹊学園、池袋から吉祥寺へ移転
14	1925	「井の頭会館」創設	
昭和3	1928	この頃、父「井の頭会館」に勤め始める？	★武蔵野村が武蔵野町に
4	1929	實男、濱と結婚？	
5	1930	長姉昭子、生まれる	
6	1931		・日本初のトーキー「マダムと女房」公開
8	1933	次姉和子、生まれる	
9	1934		★帝都電鉄が吉祥寺駅まで開通

16	1941	兄耕一、生まれる	
19	1944	拓夫、生まれる	★吉祥寺駅周辺は強制疎開地となる
20	1945		・終戦
22	1947		★武蔵野町が武蔵野市に
25	1950	拓夫、市立第四小学校に入学	
26	1951	「武蔵野映画劇場」オープン	・サンフランシスコ講和条約調印
		父、市議会議員になる	・「羅生門」がヴェネチア国際映画祭で金獅子賞
27	1952		・アメリカの映画会社の日本支社再開
28	1953	母、死す	★「吉祥寺東映」オープン ・テレビ放送開始
			・五社協定が結ばれる
29	1954	父、市議会副議長になる	★「吉祥寺オデヲン座」オープン。以後、吉祥寺に映画館が叢生
31	1956	拓夫、法政中学に入学	
32	1957	父、三多摩興行組合長に	
33	1958		・映画館年間観客動員数が11億人を超える
34	1959	拓夫、法政高校に入学	・皇太子ご成婚 ・この頃からテレビが普及し始める
35	1960	「井の頭会館」閉館	★丸井オープン
36	1961	井の頭会館ビル竣工、貸しビルに	
37	1962	拓夫、法政大学に入学	

38	1963		・映画館年間観客動員数がピーク時（1958年）の半分に
39	1964	拓夫、車の免許取得	・東京オリンピック開催される
41	1966	拓夫、「武蔵野映画劇場」（のち「吉祥寺ムサシノ映画」）の企画・営業担当に	★吉祥寺駅再開発
44	1969		★中央線の複々線高架化なる
46	1971		・大映、倒産。日活もロマンポルノ路線に ★伊勢丹オープン
47	1972	拓夫、初めて海外の映画祭を視察	★F&Fショッピングセンター、オープン
49	1974	本田ビル竣工 拓夫、美栄子と結婚	・「岩波ホール」映画興行開始、ミニシアター始まる ★東京近鉄百貨店、東急百貨店オープン
50	1975	長男裕也、生まれる	
51	1976	父、死す	
53	1978	長女英恵、生まれる	★丸井、現在地に移転
55	1980		★パルコ、オープン
57	1982	「吉祥寺ムサシノ映画」で初のロックコンサート	
58	1983	「吉祥寺ムサシノ映画」閉館・改築	
59	1984	「バウスタウン」オープン、二館体制に	
60	1985	「ストップ・メイキング・センス」上映、初の興行的成功	

61	1986		★〈吉祥寺音楽祭〉始まる
63	1988	自主配給映画「イズ・イット・ヘヴン・イェット?」上映	
平成5	1993	長女、米国の高校に留学（そのまま米国の大学に）	・海老名市に日本初のシネコン誕生
7	1995	東急レクリエーション系列に加入	
8	1996	〈谷口千吉映画祭〉開催	・映画館観客動員数、1億2000万人を切る
9	1997	兄、死す	
11	1999		★〈吉祥寺アニメワンダーランド〉始まる
12	2000	「バウスシアター」に改名、三館体制に	
16	2004	〈爆音上映〉スタート	
19	2007	長女、死す 拓夫、吉祥寺活性化協議会会長に	
22	2010	「シアター1」と「シアター3」をデジタル上映方式に	★伊勢丹閉店、コスピ吉祥寺オープン
26	2014	「バウスシアター」閉館	
29	2017	映画「PARKS パークス」公開	
30	2018	井の頭会館ビルを新たな出発のため解体することに	

本田 拓夫（ほんだ・たくお）

1944年、吉祥寺生まれ。吉祥寺初の映画館「井の頭会館」（略称「イノカン」）の館主の息子として、映画館を遊び場として育つ。大学卒業後、父親の2軒目の映画館「武蔵野映画劇場」（略称「MEG」。のち「吉祥寺ムサシノ映画」と改名）に就職し、企画営業を担当。父親の没後、兄と共に経営者に。1984年、「吉祥寺ムサシノ映画」を「バウスシアター」に改築。兄の死後、社長に。独立系の個性的映画館として奮闘するも、2014年、惜しまれつつ閉館。

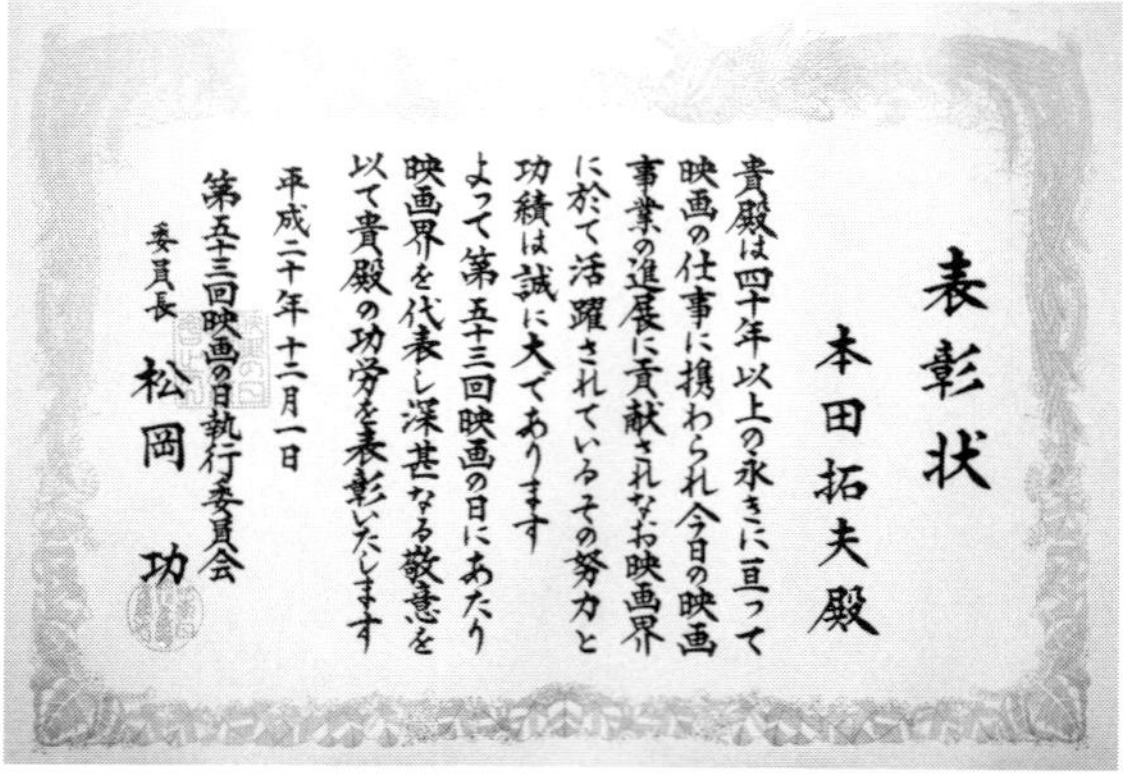
表彰状

本田拓夫殿

貴殿は四十年以上の永きに亘って映画の仕事に携わられ今日の映画事業の進展に貢献されなお映画界に於て活躍されているその努力と功績は誠に大であります

よって第五十三回映画の日にあたり映画界を代表し深甚なる敬意を以て貴殿の功労を表彰いたします

平成二十年十二月一日

第五十三回映画の日執行委員会

委員長 松岡 功

著者が平成20（2008）年の映画の日にもらった、
映画界での40年にわたる仕事をたたえる表彰状

本文中で映画タイトルのあとのカッコ内に監督名とともに付した年号は、原則として劇場初公開の年です。

なお、本書に収録した写真・図版類の中に、撮影者・作成者の不明なもの、あるいは撮影者の連絡先の不明なものがあります。お心当たりの方は文藝春秋企画出版部までご一報ください。

吉祥寺《きちじょうじ》に育《そだ》てられた映画館《えいがかん》
——イノカン・MEG《エムイージー》・バウス
吉祥寺《きちじょうじ》っ子映画館三代記《こえいがかんさんだいき》

二〇一八年一二月一三日　初版第一刷発行
二〇二五年　三月　十日　初版第二刷発行

著者　本田《ほんだ》拓夫《たくお》
発行　株式会社文藝春秋企画出版部
発売　株式会社文藝春秋
〒一〇二—八〇〇八
東京都千代田区紀尾井町三—二三
電話〇三—三二八八—六九三五（直通）
印刷・製本　株式会社　光邦

ISBN978-4-16-008945-7